교과 독해·어휘·개념·문법을 자기주도력으로 완성

정영애(현직 초등 교사, 국정 국어 교과서 집필 위원) 지음

최소한의 초등 국어

1권

더블북

국어 공부는 모든 공부의 기본이에요!

책을 읽고 내용을 이해하는 힘, 문제를 읽고 스스로 답을 찾는 힘, 자신의 생각을 말하고 글로 표현하는 힘, 이 모든 것이 국어 공부에서 시작되지요. 요즘 우리는 다양한 정보를 빠르게 파악해야 하는 시대를 살아가고 있어요. 이때 필요한 것은 '정확히 이해하고 깊이 있게 생각하는 힘'이에요. 《최소한의 초등 국어》는 그러한 힘, 즉 기초가 튼튼한 문해력을 기르기 위해 만들어졌어요.

문해력을 기르려면 어떻게 해야 할까요?

요즘 문해력 문제에 대한 많은 논의가 있어요. 그리고 다양한 정보를 이해하고, 분석하며 자신의 생각을 논리적으로 표현하는 것을 어려워하는 학생들도 늘어나고 있어요. 우리는 문해력 위기를 극복하는 해답을 국어 교과서에서 찾았어요. 국어 교과서는 아이들의 발달 수준에 맞추어 구성된 가장 효율적인 학습 자료이기 때문이에요. 국어 교과서는 국가 교육과정에 근거를 두고 학생들이 반드시 익혀야 할 내용을 가장 체계적으로 담고 있어요. 국어 교과서의 내용을 잘 이해하고 활용하는 것은 국어 실력을 향상시킬 수 있는 가장 확실하고 쉬운 길이에요.

문해력 향상은 국어 교과서에서 시작돼요.

《최소한의 초등 국어》는 국어 교과서에서 제시하는 핵심 개념을 쉽고 체계적으로 익히며 스스로 학습할 수 있게 구성했어요. 먼저 2022 개정 교육과정의 국어과 성취기준과 관련된 학습 목표를 확인해 보세요. 학습 목표에 따라 다양한 지문을 읽고 문제를 풀며 독해력을 길러 보세요. 이 과정에서 자연스럽게 올바른 어휘와 맞춤법도 익힐 수 있어요. 하루에 4쪽씩 꾸준히 공부하다 보면 여러분의 독해력, 어휘력, 그리고 문해력이 눈에 띄게 발전할 거예요.

《최소한의 초등 국어》를 공부하며 스스로 공부하는 즐거움을 느껴 보세요. 생각하는 힘, 이해하는 힘, 표현하는 힘! 오늘도 국어 공부와 함께 자라나는 여러분을 응원합니다.

정영애 드림

2022 개정 교육과정 성취기준 완벽 반영!

독해 + 어휘 + 개념 + 문법

4가지 영역을 골고루 학습하며 국어 지능을 올리는 책!

독해 주제별, 갈래별로 학년에 따른 난이도와 적절한 분량의 지문을 담았어요. 지문의 내용을 확인하고 추론하며 문제를 풀 수 있어요.

어휘 학년별 필수 어휘를 담아 지문을 구성했어요. 지문의 내용과 주제를 이끄는 핵심어를 뽑아 필수 어휘를 익힐 수 있어요.

개념 국어 교과에서 배우는 주요 개념을 쉽게 풀었어요. 개념 적용 문제를 풀며 개념을 익혀 스스로 활용할 수 있어요.

문법 문장의 구조를 익힐 수 있는 다양한 생각 쓰기 활동을 넣었어요. 문제를 풀며 올바른 맞춤법과 어휘의 활용을 배울 수 있어요.

이 책의 구성

구성 1 교과서와 만나요
국어 교과와 연계된 지문을 읽으며
교과서를 미리 만나요.

구성 2
독해와 만나요
내용 확인, 추론과
적용 문제를 풀며
꼼꼼하게 독해력을
길러요.

구성 3 개념과 만나요
국어 교과에 나오는 개념을 놓치지 않고 이해해요.

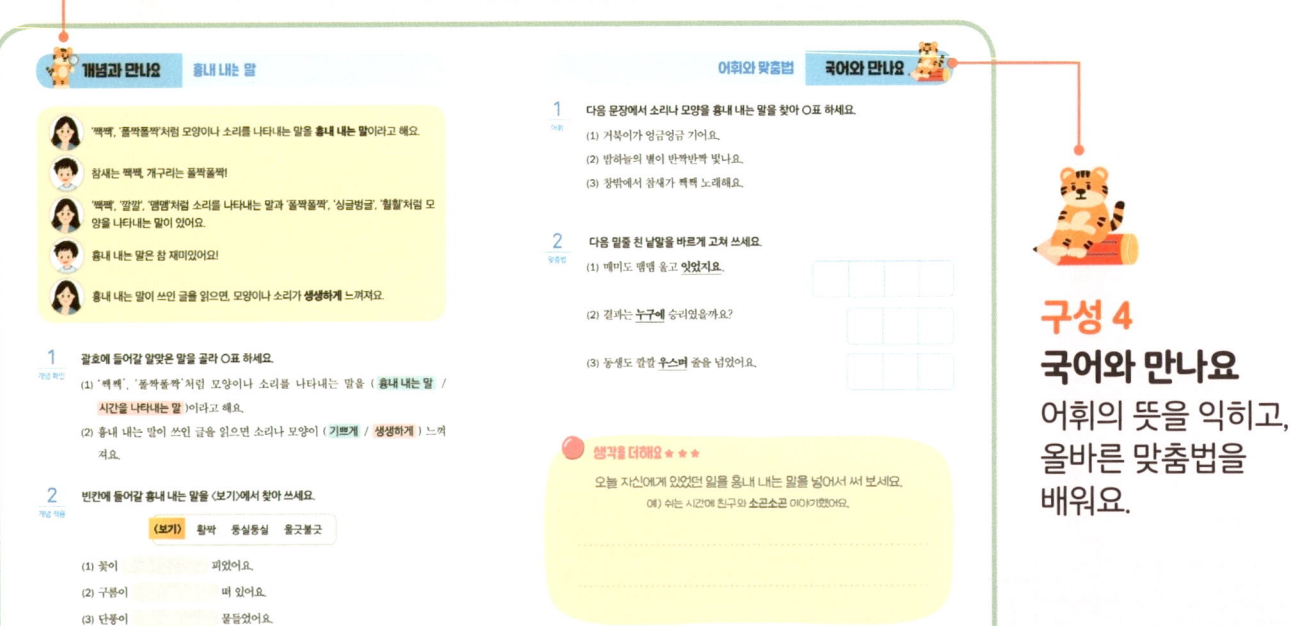

구성 4
국어와 만나요
어휘의 뜻을 익히고,
올바른 맞춤법을
배워요.

 **구성 5 단원 평가**

각 단원 마무리 문제를 풀며 배운 내용을 정리해요.

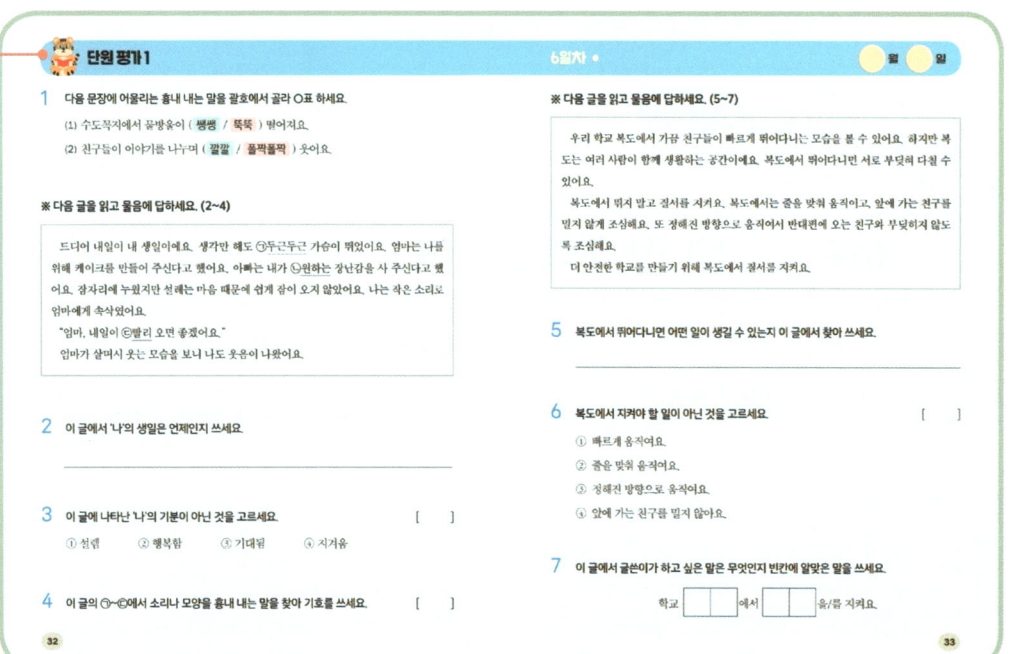

구성 7 알쓸국잡

꼭 알아야 할 국어 상식을 배우며 국어 지식을 넓혀요.

**구성 6
쉬어가기**

재미있는 퀴즈를 풀며
새로운 단원을 준비해요.

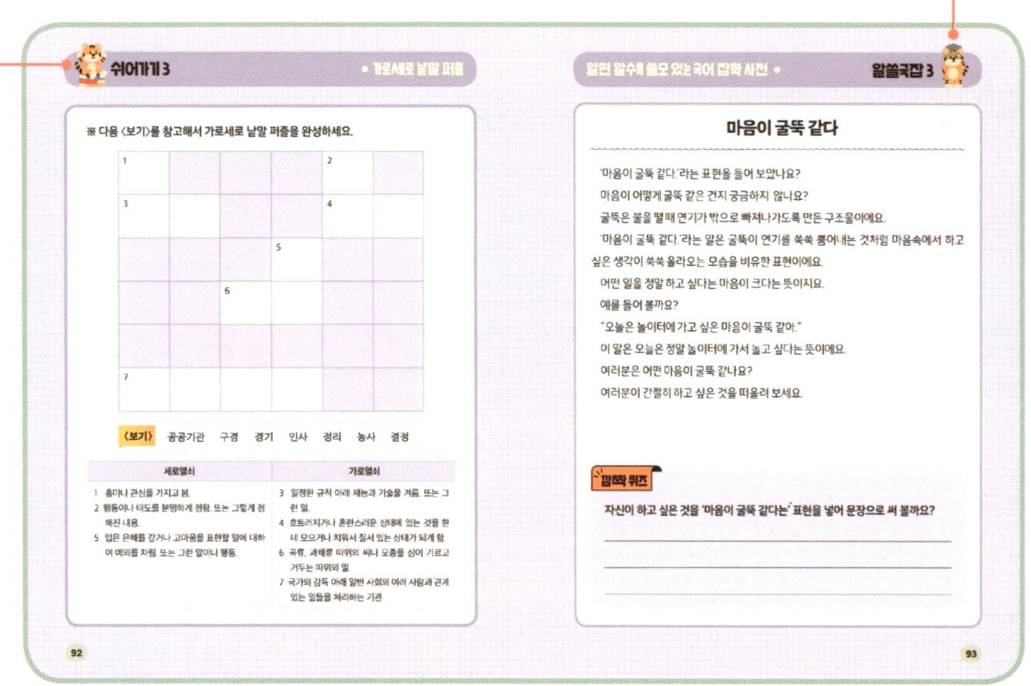

이 책의 활용

1 하루에 4쪽씩, 30일 동안 꾸준하게 공부해요.

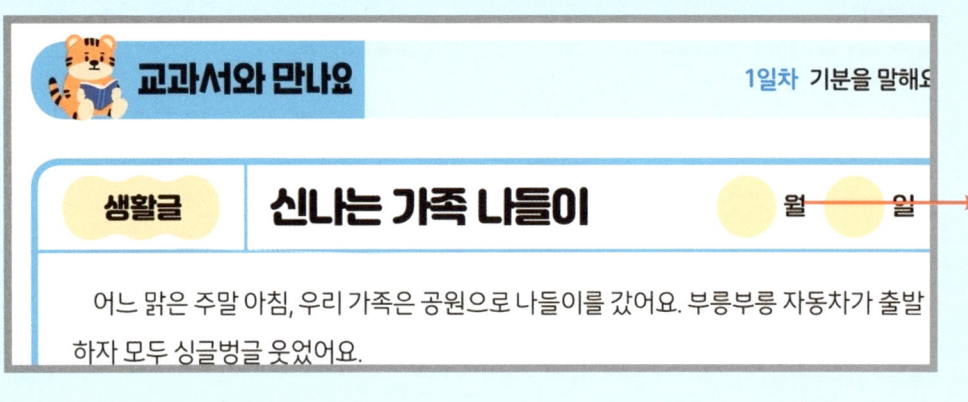

교과서와 만나요   **1일차** 기분을 말해요

| 생활글 | 신나는 가족 나들이 | 월   일 |

어느 맑은 주말 아침, 우리 가족은 공원으로 나들이를 갔어요. 부릉부릉 자동차가 출발하자 모두 싱글벙글 웃었어요.

> 학습한 날짜를 기록하며
> 꾸준히 하루에 4쪽씩
> 풀다 보면 어느새
> 국어 실력이
> 쑥쑥 성장해 있어요.

2 꼼꼼하게 지문을 읽어요.

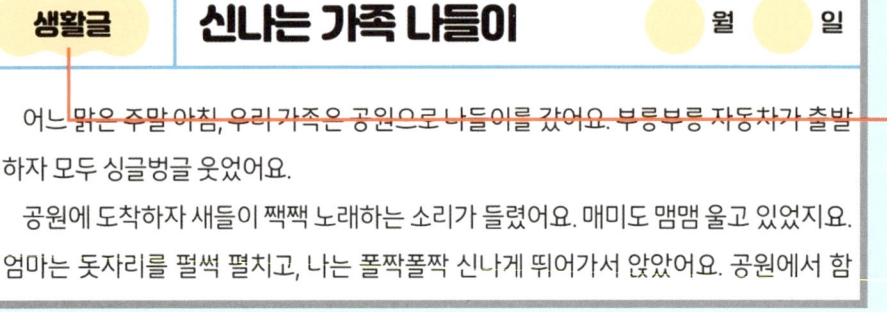

| 생활글 | 신나는 가족 나들이 | 월   일 |

어느 맑은 주말 아침, 우리 가족은 공원으로 나들이를 갔어요. 부릉부릉 자동차가 출발하자 모두 싱글벙글 웃었어요.

공원에 도착하자 새들이 짹짹 노래하는 소리가 들렸어요. 매미도 맴맴 울고 있었지요. 엄마는 돗자리를 펄썩 펼치고, 나는 폴짝폴짝 신나게 뛰어가서 앉았어요. 공원에서 함

> 갈래별로
> 다양한 유형의
> 지문을 읽으며
> 읽기 능력을
> 다질 수 있어요.

3 주제와 관련한 생각을 써요.

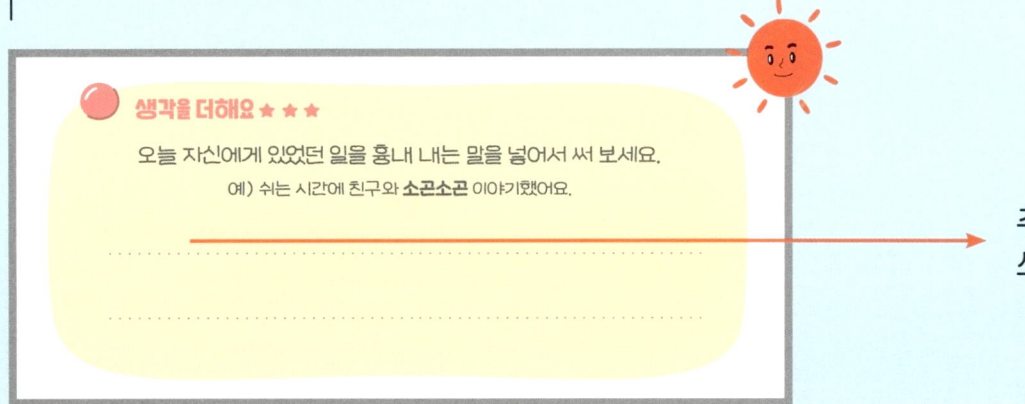

🔴 생각을 더해요 ★ ★ ★

오늘 자신에게 있었던 일을 흉내 내는 말을 넣어서 써 보세요.

예) 쉬는 시간에 친구와 **소곤소곤** 이야기했어요.

> 주제에 알맞은 생각을 쓰며
> 쓰기 능력을 키울 수 있어요.

4 **국어과 성취기준을 달성해요.**

국어 교과 단원을 예습·복습하며, 2022 개정 교육과정의 국어과 성취기준을 달성할 수 있어요.

	국어 교과 단원	성취기준
1일차	1-2-1. 기분을 말해요	2국05-01 말놀이, 낭송 등을 통해 말의 재미와 즐거움을 느낀다.
2일차	1-2-1. 기분을 말해요	2국01-02 바르고 고운 말로 서로의 감정을 나누며 듣고 말한다.
3일차	1-2-2. 낱말을 정확하게 읽어요	2국02-03 글을 읽고 중심 내용을 확인한다.
4일차	1-2-3. 그림일기를 써요	2국06-02 일상의 경험과 생각을 글과 그림으로 표현한다.
5일차	1-2-4. 감동을 나누어요	2국01-01 중요한 내용이나 일이 일어난 순서를 고려하며 듣고 말한다.
7일차	1-2-7. 무엇이 중요할까요	2국02-03 글을 읽고 중심 내용을 확인한다.
8일차	1-2-7. 무엇이 중요할까요	2국02-03 글을 읽고 중심 내용을 확인한다.
9일차	1-2-8. 느끼고 표현해요	2국05-03 작품 속 인물의 모습, 행동, 마음을 상상하며 시, 노래, 이야기, 그림 등으로 표현한다.
10일차	2-1-2. 말의 재미가 솔솔	2국05-01 말놀이, 낭송 등을 통해 말의 재미와 즐거움을 느낀다.
11일차	2-1-3. 겪은 일을 나타내요	2국03-02 쓰기에 흥미를 가지며 자신의 생각이나 느낌을 문장으로 표현한다.
13일차	2-1-3. 겪은 일을 나타내요	2국03-04 겪은 일을 표현하는 글을 자유롭게 쓰고, 쓴 글을 함께 읽고 생각이나 느낌을 나눈다.
14일차	2-1-4. 분위기를 살려 읽어요	2국04-02 소리와 표기가 다를 수 있음을 알고 단어를 바르게 읽고 쓴다.
15일차	2-1-5. 마음을 짐작해요	2국01-04 인물의 마음이나 생각을 짐작하고 이를 자신과 비교하며 글을 읽는다.
16일차	2-1-6. 자신의 생각을 표현해요	2국02-03 글을 읽고 중심 내용을 확인한다.
17일차	2-1-6. 자신의 생각을 표현해요	2국02-03 글을 읽고 중심 내용을 확인한다.
19일차	2-1-7. 마음을 담아서 말해요	2국01-02 바르고 고운 말로 서로의 감정을 나누며 듣고 말한다.
20일차	2-1-8. 다양한 작품을 감상해요	2국05-02 작품을 듣거나 읽으면서 느끼거나 생각한 점을 말한다.
21일차	2-2-1. 장면을 상상하며	2국05-02 작품을 듣거나 읽으면서 느끼거나 생각한 점을 말한다.
22일차	2-2-3. 내용을 살펴요	2국02-03 글을 읽고 중심 내용을 확인한다.
23일차	2-2-3. 내용을 살펴요	2국02-03 글을 읽고 중심 내용을 확인한다.
25일차	2-2-4. 마음을 전해요	2국05-03 작품 속 인물의 모습, 행동, 마음을 상상하며 시, 노래, 이야기, 그림 등으로 표현한다.
26일차	2-2-5. 바른 말로 이야기 나누어요	2국01-01 중요한 내용이나 일이 일어난 순서를 고려하며 듣고 말한다.
27일차	2-2-6. 매체를 경험해요	2국06-01 일상의 다양한 매체와 매체 자료에 흥미와 관심을 가진다.
28일차	2-2-7. 내 생각은 이래요	2국02-03 글을 읽고 중심 내용을 확인한다.
29일차	2-2-8. 나도 작가	2국05-02 작품을 듣거나 읽으면서 느끼거나 생각한 점을 말한다.

*성취기준은 초등 교과에서 배워야 할 지식, 기능, 태도 등 도달해야 할 결과 중심의 기준입니다.

이 책의 차례

1단원

	제목	글의 종류	학습 목표
1일차	신나는 가족 나들이	생활글	흉내 내는 말을 알 수 있어요.
2일차	두근두근 발표	생활글	기분을 나타내는 말을 알 수 있어요.
3일차	일회용품 사용을 줄여요	주장하는 글	글쓴이가 하고 싶은 말을 찾을 수 있어요.
4일차	즐거운 운동회	그림일기	그림일기 쓰는 방법을 알 수 있어요.
5일차	바람과 해님	우화	누가 무엇을 했는지 정리할 수 있어요.
6일차	단원 평가 1		

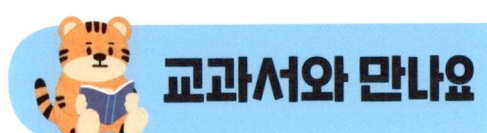
생활글	**신나는 가족 나들이**	 월  일

어느 맑은 주말 아침, 우리 가족은 공원으로 나들이를 갔어요. 부릉부릉 자동차가 출발하자 모두 싱글벙글 웃었어요.

공원에 도착하자 새들이 짹짹 노래하는 소리가 들렸어요. 매미도 맴맴 울고 있었지요. 엄마는 돗자리를 펄썩 펼치고, 나는 폴짝폴짝 신나게 뛰어가서 앉았어요. 공원에서 함께 먹는 도시락은 꿀맛이었어요. 도시락을 다 먹자, 연을 날리러 잔디밭으로 갔어요. 아빠가 휙 줄을 잡아당기자 연이 훨훨 하늘로 날아올랐어요. 모두가 감탄했지요. 그다음은 가족 줄넘기 대결! 누가 줄넘기를 쌩쌩 잘하나 지켜보며 모두 최선을 다했어요. 동생도 깔깔 웃으며 줄을 넘었어요. 결과는 누구의 승리였을까요?

해가 질 무렵 자리를 정리하고 집으로 돌아왔어요. 행복했던 오늘 하루에 대해서 재잘재잘 이야기하며 즐거운 나들이를 마무리했어요.

✅ **핵심어와 만나요**   **#나들이 #감탄 #최선**

빈칸에 알맞은 낱말을 쓰세요.

(1) 우리 가족은 공원으로 _____ 을/를 갔어요.

(2) 연이 훨훨 날아가자 모두 _____ 했어요.

(3) 가족 줄넘기 대결에서 _____ 을/를 다했어요.

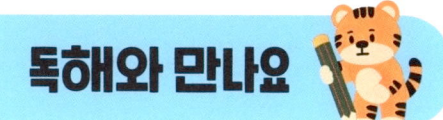
학습 목표 흉내 내는 말을 알 수 있어요.

1 이 글의 내용으로 맞으면 ○표, 틀리면 ✕표 하세요.

내용 확인

(1) 가족 줄넘기 대결에서 '나'가 이겼어요.　　　　　　　　　[　　　]

(2) 우리 가족은 자동차를 타고 나들이를 갔어요.　　　　　[　　　]

2 다음 그림에 어울리는 흉내 내는 말을 찾아 선을 이으세요.

내용 이해

(1) ●

(2) ●

(3) ●

● ㉠ **짹짹**

● ㉡ **맴맴**

● ㉢ **부릉부릉**

3 다음 설명에 알맞은 흉내 내는 말을 고르세요.　　　　　　[　　　]

내용 추론

> 낮고 빠른 목소리로 자꾸 이야기하는 소리. 또는 그 모양.

① 깔깔　　　　② 재잘재잘　　　　③ 싱글벙글　　　　④ 폴짝폴짝

4 빈칸에 들어갈 흉내 내는 말을 〈보기〉에서 찾아 쓰세요.

적용

보기 　깔깔　　폴짝폴짝

(1) 동생도 　　　　　　　　　 웃으며 줄을 넘었어요.

(2) 나는 　　　　　　　　　 신나게 뛰어가서 앉았어요.

 '짹짹', '폴짝폴짝'처럼 모양이나 소리를 나타내는 말을 **흉내 내는 말**이라고 해요.

 참새는 짹짹, 개구리는 폴짝폴짝!

 '짹짹', '깔깔', '맴맴'처럼 소리를 나타내는 말과 '폴짝폴짝', '싱글벙글', '훨훨'처럼 모양을 나타내는 말이 있어요.

 흉내 내는 말은 참 재미있어요!

 흉내 내는 말이 쓰인 글을 읽으면, 모양이나 소리가 **생생하게** 느껴져요.

1 괄호에 들어갈 알맞은 말을 골라 ◯표 하세요.

개념 확인

(1) '짹짹', '폴짝폴짝'처럼 모양이나 소리를 나타내는 말을 (흉내 내는 말 / 시간을 나타내는 말)이라고 해요.

(2) 흉내 내는 말이 쓰인 글을 읽으면 소리나 모양이 (기쁘게 / 생생하게) 느껴져요.

2 빈칸에 들어갈 흉내 내는 말을 〈보기〉에서 찾아 쓰세요.

개념 적용

〈보기〉   활짝   둥실둥실   울긋불긋

(1) 꽃이   피었어요.

(2) 구름이   떠 있어요.

(3) 단풍이   물들었어요.

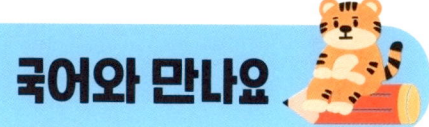

1 다음 문장에서 소리나 모양을 흉내 내는 말을 찾아 ○표 하세요.

(1) 거북이가 엉금엉금 기어요.

(2) 밤하늘의 별이 반짝반짝 빛나요.

(3) 창밖에서 참새가 짹짹 노래해요.

2 다음 밑줄 친 낱말을 바르게 고쳐 쓰세요.

(1) 매미도 맴맴 울고 **잇었지요**.

(2) 결과는 **누구에** 승리였을까요?

(3) 동생도 깔깔 **우스며** 줄을 넘었어요.

 생각을 더해요 ★ ★ ★

오늘 자신에게 있었던 일을 흉내 내는 말을 넣어서 써 보세요.

예) 쉬는 시간에 친구와 **소곤소곤** 이야기했어요.

．．．

．．．

| 생활글 | 두근두근 발표 |  월 일 |

오늘 국어 시간에 자신을 소개하는 글을 발표하기로 했다. 나는 아침부터 배가 살살 아프고 마음이 콩닥콩닥 뛰었다. 발표 연습을 많이 했지만 친구들 앞에 서서 말한다고 생각하니 ㉠긴장되었다. 하지만 학교에 도착해서 친구들을 보니 조금 안심되었다.

'잘할 수 있어!'

속으로 외쳐 봤다. 그런데 발표가 가까워질수록 마음이 점점 복잡해졌다. 설레기도 하고, 떨리기도 하고, 혹시 실수할까 봐 걱정도 됐다. 드디어 내가 발표할 차례가 되어 교탁 앞에 서는 순간, 다리가 후들후들 떨리며 긴장되었다. 하지만 친구들이 나를 조용히 바라봐 주고, 선생님이 따뜻한 눈빛으로 응원해 주셔서 용기가 났다.

"안녕하세요. 저는 오늘……."

말을 시작하자, 떨림이 조금씩 사라졌다. 발표가 끝나고 자리에 앉았을 때, 뿌듯한 마음이 들었다. 내가 해냈다는 생각에 기분이 아주 좋았다. 오늘은 정말 내 마음이 롤러코스터처럼 오르락내리락한 하루였다.

✅ **핵심어와 만나요** #발표 #긴장 #뿌듯하다

빈칸에 알맞은 낱말을 쓰세요.

(1) 오늘 국어 시간에 자신을 소개하는 글을 [　　　　] 하기로 했어요.

(2) 친구들 앞에 서서 말할 생각을 하니 [　　　　] 되었어요.

(3) 발표가 끝나고 자리에 앉았을 때, 마음이 [　　　　] 했어요.

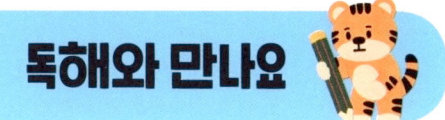

1 내용 확인

이 글의 내용으로 맞으면 ○표, 틀리면 ╳표 하세요.

(1) 학교에서 롤러코스터를 타니 재미있어요.　　　　　　　　　　[　　　]

(2) '나'는 발표를 앞두고 아침부터 배가 살살 아팠어요.　　　　　[　　　]

2 내용 이해

이 글에서 '나'가 발표할 때 용기가 생긴 이유를 2개 고르세요.　　[　　,　　]

① 내가 글을 잘 썼다고 생각해서

② 친구들이 나를 조용히 바라봐 주어서

③ 부모님이 잘할 수 있다고 응원해 주셔서

④ 선생님이 따뜻한 눈빛으로 응원해 주셔서

3 내용 추론

이 글의 ㉠과 바꾸어 쓸 수 있는 표현을 고르세요.　　[　　　]

① 졸렸다

② 떨렸다

③ 지겨웠다

④ 화가 났다

4 적용

이 글에서 '나'의 기분으로 알맞은 표현을 괄호에서 골라 ○표 하세요.

(1) 발표를 끝내고 자리에 앉으니 (뿌듯했다 / 무서웠다).

(2) 발표를 하려고 교탁 앞에 섰는데 (슬펐다 / 긴장되었다).

 어떤 일에 대한 자신의 마음이나 느낌을 나타내는 말을 **기분을 나타내는 말**이라고 해요.

 저는 지금 신나요!

 기분을 나타내는 말을 할 때는 듣는 사람을 생각하며 말하고, **있었던 일**과 자신의 기분을 함께 말해요.

 저는 지금 새로운 것을 공부해서 신나요!

 네가 공부를 열심히 해서 선생님은 뿌듯하구나!

1
개념 확인

괄호에 들어갈 알맞은 말을 골라 ○표 하세요.

(1) 어떤 일에 대한 자신의 마음이나 느낌을 나타내는 말을 (기분을 나타내는 말 / 동작을 나타내는 말)이라고 해요.

(2) 어떤 일에 대한 자신의 마음이나 느낌을 나타낼 때 (있었던 일 / 바라는 점)과 자신의 기분을 함께 말해요.

2
개념 적용

있었던 일에 알맞은 기분을 나타내는 말을 찾아 선을 이으세요.

(1) 원하는 생일 선물을 받았을 때 • • ㉠ 속상하다

(2) 동생이 내 장난감을 망가뜨렸을 때 • • ㉡ 행복하다

1
어휘

빈칸에 들어갈 기분을 나타내는 말을 〈보기〉에서 찾아 쓰세요.

〈보기〉　　설레었다　　뿌듯했다

(1) 태권도 1품을 따서 　　　　　　　　　　.

(2) 오랜만에 유치원 친구를 만날 생각에 　　　　　　　　　　.

2
맞춤법

다음 밑줄 친 낱말을 바르게 고쳐 쓰세요.

(1) 드디어 내 **차래**가 되었어요.

(2) 내가 해냈다는 생각에 **기부니** 아주 좋아졌어요.

생각을 더해요 ★ ★ ★

오늘 자신에게 있었던 일과 그때의 기분을 써 보세요.

★ 있었던 일

．．．

★ 그때의 기분

．．．

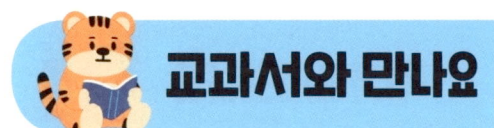
주장하는 글 | 일회용품 사용을 줄여요   월   일

환경을 보호하기 위해서 일회용품 사용을 줄여야 해요. 일회용품은 종이컵, 플라스틱 빨대, 비닐봉지처럼 한 번 쓰고 버리는 물건을 말해요. 일회용품은 버리면 쓰레기가 돼요. 쓰레기가 많아지면 땅과 바다가 더러워지고, 동물에게도 큰 피해를 줘요.

일회용품은 대부분 플라스틱으로 만들어요. 플라스틱은 자연에서 썩는 데 아주 오랜 시간이 걸려요. 그리고 플라스틱 쓰레기가 바다로 흘러가면 동물들을 아프게 해요. 바다에 버려진 비닐봉지를 해파리인 줄 알고 잘못 먹은 거북이가 병에 걸리기도 했어요.

환경을 보호하기 위해 일회용품 대신 여러 번 사용할 수 있는 물건들을 쓰도록 해요. 음료수를 먹을 때도 일회용 컵 대신 여러 번 사용할 수 있는 컵을 사용해요. 나들이 도시락을 쌀 때도 일회용 도시락과 포크를 쓰지 않아요. 또 장을 보고 물건을 담을 때도 장바구니를 사용해요. 일회용 젓가락, 빨대는 꼭 필요할 때만 받아서 사용해요. 깨끗한 지구를 만들기 위해 일회용품을 덜 쓰는 생활을 실천해요.

플라스틱 쓰레기로 뒤덮인 태국 바닷가.

✓ 핵심어와 만나요   #일회용품 #플라스틱 #실천

빈칸에 알맞은 낱말을 쓰세요.

(1) 환경을 보호하기 위해서 [   ] 사용을 줄여야 해요.

(2) 일회용품은 대부분 [   ] (으)로 만들어져요.

(3) 깨끗한 지구를 만들기 위해 일회용품을 덜 쓰는 생활을 [   ] 해요.

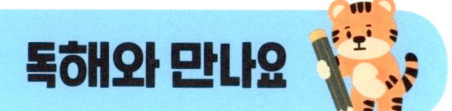

1 이 글의 내용으로 맞으면 ○표, 틀리면 ✕표 하세요.

내용 확인

(1) 일회용품은 여러 번 사용할 수 있는 물건이에요. [　　]

(2) 플라스틱은 자연에서 썩는 데 아주 오랜 시간이 걸려요. [　　]

2 이 글에 나온 일회용품을 줄일 수 있는 실천 방법이 아닌 것을 고르세요. [　　]

내용 이해

① 일회용 젓가락, 빨대는 받아서 모아 둬요.

② 장을 보고 물건을 담을 때 장바구니를 사용해요.

③ 음료수를 먹을 때 여러 번 사용할 수 있는 컵을 써요.

④ 나들이 도시락을 쌀 때 일회용 도시락과 포크를 쓰지 않아요.

3 이 글의 글쓴이가 하고 싶은 말이 맞으면 ○표, 틀리면 ✕표 하세요.

내용 추론

(1) 동물들을 보호해요. [　　]

(2) 일회용품 사용을 줄여요. [　　]

(3) 가족과 소풍을 자주 가요. [　　]

4 이 글을 읽고 자신의 생각을 바르게 말한 사람은 누구인지 쓰세요.

적용

혜미　나는 일회용 빨대를 사용한 뒤 재활용을 할 거야.

승원　나는 앞으로 일회용 봉투 대신 장바구니를 사용할 거야.

 글쓴이가 글에서 전하고 싶은 생각을 **글쓴이의 생각**이라고 해요. 글쓴이의 생각은 글의 **제목**에 나타나기도 해요.

 오늘 읽은 글의 제목을 보니, 일회용품 사용을 줄이자는 내용이 나올 것 같아요.

 제목을 확인하고, 글쓴이가 글을 쓴 까닭을 알면 글의 내용을 잘 이해할 수 있어요.

 글을 읽을 때 글쓴이가 누구인지, 제목이 무엇인지 찾아볼게요.

 쪽지나 편지를 읽을 때도 글쓴이가 하고 싶은 말을 잘 생각해 보세요.

1
개념 확인

괄호에 들어갈 알맞은 말을 골라 ○표 하세요.

(1) 글쓴이가 글에서 전하고 싶은 생각을 (글쓴이의 느낌 / 글쓴이의 생각)이라고 해요

(2) 글쓴이의 생각을 잘 알기 위해서는 글의 (길이 / 제목)을/를 확인해야 해요.

2
개념 적용

다음 글에서 글쓴이가 하고 싶은 말은 무엇인지 빈칸에 알맞은 말을 쓰세요.

시끄러운 소리 때문에 집 안에서 편히 쉴 수가 없어요. 악기 소리, 쿵쿵 뛰는 소리 등은 조심해 주세요. 층간 소음이 일어나지 않게 주의하며, 집 안에서 조용히 생활해요.

집 안에서 ☐☐☐ 생활해요.

1 빈칸에 들어갈 겹받침이 있는 낱말을 〈보기〉에서 찾아 쓰세요.

어휘

〈보기〉   넓은   붉은   굵은

(1) _____ 해가 쨍쨍 내리쬐었어요.

(2) 텃밭에서 _____ 고구마를 캤어요.

(3) 체육 시간에 _____ 운동장에서 달리기를 했어요.

2 다음 밑줄 친 낱말을 바르게 고쳐 쓰세요.

맞춤법

(1) 필요하지 않은 물건은 **아에** 받지 않아요.

(2) 플라스틱은 자연에서 **썪는** 데 아주 오랜 시간이 걸려요.

🔴 생각을 더해요 ★ ★ ★

오늘 부모님에게 하고 싶은 말을 써 보세요.

예) 맛있는 저녁 식사를 준비해 주셔서 감사합니다.

· ·

· ·

그림일기 | **즐거운 운동회**  월  일

20〇〇년 〇〇월 〇〇일 〇요일	날씨: 해가 쨍쨍한 날

　기다리던 운동회 날이다. ㉠가슴이 두근두근했다. 우리는 청팀, 백팀으로 나누어 경기를 했다. 나는 백팀이었다. 우리 학년은 박 터뜨리기 경기를 했다. ㉡나는 우리 팀 박을 향해 콩 주머니를 던졌다. 우리 팀이 먼저 박을 터트려서 승리했다. 신나서 친구들과 함께 만세를 불렀다. ㉢다음에도 또 운동회를 하고 싶다.

 핵심어와 만나요　　　　　　　　　　**#운동회 #경기 #승리**

빈칸에 알맞은 낱말을 쓰세요.

(1) 기다리던 　　　　　　　 날이에요.

(2) 우리 학년은 박 터트리기 　　　　　　　 을/를 했어요.

(3) 우리가 먼저 박을 터트려서 　　　　　　　 했어요.

1 이 글의 내용으로 맞으면 ○표, 틀리면 ✕표 하세요.

내용 확인

(1) '나'는 청팀이에요.   [   ]

(2) '나' 팀이 먼저 박을 터트렸어요.   [   ]

2 그림일기에 들어가야 할 내용으로 알맞은 것끼리 선을 이으세요.

내용 이해

(1) 20○○년 ○○월 ○○일 ○요일 •   • ㉠ 그림

(2) 박 터뜨리기 경기를 했다. •   • ㉡ 경험한 일

(3) •   • ㉢ 날짜와 요일

3 이 글의 ㉠~㉢에서 생각이나 느낌을 쓰지 않은 문장을 골라 기호를 쓰세요.

내용 추론

4 그림일기를 쓸 때 주의할 점을 바르게 말하지 못한 사람은 누구인지 쓰세요.

적용

> 서윤   날짜와 요일, 날씨를 써야 해.
>
> 준호   꼭 재미있었던 일만 써야 해.
>
> 지은   경험한 일 가운데에서 기억에 남는 일을 써야 해.

 하루에 경험한 일 가운데에서 기억에 남는 일을 골라 글과 그림으로 나타낸 일기를 **그림일기**라고 해요.

 그림일기에는 무엇이 들어가나요?

 날짜와 요일, 날씨, 그림과 글이 들어가야 해요.

 그림일기를 잘 쓰고 싶어요.

 경험한 일을 자세히 쓰고, 경험한 일이 그림에 잘 드러나게 표현하면 돼요. **자신의 생각이나 느낌**도 자세히 쓰세요.

1 개념 확인

괄호에 들어갈 알맞은 말을 골라 ○표 하세요.

(1) 하루에 경험한 일 가운데에서 기억에 남는 일을 골라 글과 그림으로 나타낸 일기를 (그림일기 / 경험일기)라고 해요.

(2) 그림일기를 잘 쓰고 싶다면 (자신의 생각이나 느낌 / 날짜와 요일)을 자세히 써야 해요.

2 개념 적용

다음에서 그림일기에 들어가야 할 내용을 모두 찾아 색칠해 보세요.

날짜와 요일	날씨	경험한 일	시간표
기억에 남는 일	장소	그림	생각이나 느낌

1
어휘

다음 낱말의 뜻을 생각하며 〈보기〉처럼 짧은 글을 쓰세요.

〈보기〉　운동회 : 나는 다음 운동회가 기대돼요.

(1) 경기 : _____

(2) 승리 : _____

2
맞춤법

다음 밑줄 친 낱말을 바르게 고쳐 쓰세요.

(1) 신나서 친구들과 함께 **만새**를 불렀어요.

(2) 나는 **열심이** 우리 팀 박을 향해
　　콩 주머니를 던졌어요.

 생각을 더해요 ★ ★ ★

　오늘 날씨를 생생하게 구체적으로 표현해서 써 보세요.
예) 해님이 방긋 웃는 날

. . . .

. . . .

| 우화 | # 바람과 해님 | 월 | 일 |

　바람과 해님이 만났어요. 둘은 서로 자기가 더 힘이 세다고 우겼어요. 화가 난 바람이 말했어요.

　"그럼 누가 힘이 더 센지 내기해 보자."

　그때 마침 나그네가 지나가고 있었어요. 바람과 해님은 누가 나그네의 외투를 벗기는지 내기했어요. 먼저 바람이 씽씽 불기 시작했어요. 바람이 세게 불자 나그네는 외투가 벗겨지지 않도록 더욱 옷을 꽉 잡았어요.

　그러자 해님이 웃으며 말했어요.

　"이번에는 내 차례야."

　해님은 조용히 따뜻한 햇살을 비추었어요. 나그네의 이마에 땀이 송골송골 맺혔어요. 결국 나그네는 단단히 잡고 있던 외투를 벗었어요.

✅ **핵심어와 만나요**　　　#나그네 #외투 #해님

빈칸에 알맞은 낱말을 쓰세요.

(1) 바람과 해님은 　　　　　　　이/가 지나가는 모습을 보았어요.

(2) 바람과 해님은 누가 나그네의 　　　　　　　을/를 벗기는지 내기를 했어요.

(3) 　　　　　　　이/가 따뜻한 햇살을 비추자 나그네의 이마에 땀이 맺혔어요.

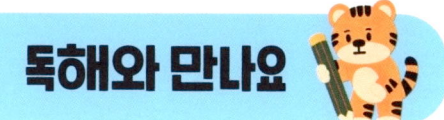

1 이 글의 내용으로 맞으면 ○표, 틀리면 ✕표 하세요.

내용 확인

(1) 바람이 세게 불자 나그네의 외투가 벗겨졌어요.　　　　　[　　　]

(2) 해님이 따뜻한 햇살을 비추자 나그네가 외투를 벗었어요.　　[　　　]

2 이 글에 나오지 않는 인물은 누구인지 고르세요.　　　[　　　]

내용 이해

① 바람　　　② 나그네　　　③ 해님　　　④ 달님

3 이 글에서 다음 말을 한 인물은 누구인지 쓰세요.

내용 추론

"그럼 누가 힘이 더 센지 내기해 보자."

4 이 글에서 다음 인물이 한 일을 찾아 선을 이으세요.

적용

(1) 　　　•　　　•　㉠ 세게 씽씽 불었어요.

(2) 　　　•　　　•　㉡ 외투를 입고 길을 가고 있었어요.

(3) 　　　•　　　•　㉢ 조용히 따뜻한 햇살을 비추었어요.

 **누가** 무엇을 했는지, 어떤 일이 일어났는지를 알면 글의 내용을 이해하기 쉬워요.

 '누가'는 무엇이에요?

 '누가'는 글에 등장하는 인물로, 사람이나 동물이 될 수도 있고, 물건이 될 수도 있어요.

 누가 무엇을 했는지 잘 알기 위해서는 어떻게 하면 되나요?

 인물이 어떤 생각이나 말을 하며 **행동**했는지 생각하면 돼요.

1 괄호에 들어갈 알맞은 말을 골라 ○표 하세요.

개념 확인

(1) 글의 내용을 잘 이해하려면 (누가 / 언제) 무엇을 했는지 생각하면 돼요.

(2) 인물이 어떤 생각이나 말을 하며 (노래 / 행동)했는지 살펴봐요.

2 다음 글에서 연우가 한 일을 모두 골라 ○표 하세요.

개념 적용

> 연우는 놀이터에서 친구들과 함께 신나게 술래잡기를 했습니다. 연우가 술래가 되어 친구들을 잡으러 다녔습니다. 친구를 잡고 큰 소리로 잡았다고 외쳤습니다.

(1) 친구들과 술래잡기를 했어요.

(2) 술래에게 잡히지 않으려고 달리기를 했어요.

(3) 친구를 잡고 큰 소리로 잡았다고 외쳤어요.

1 어휘

다음 낱말의 반대말을 찾아 선을 이으세요.

(1) 벗다 •

(2) 뜨겁다 •

(3) 잡다 •

• ㉠ 놓다

• ㉡ 입다

• ㉢ 차갑다

2 맞춤법

다음 밑줄 친 낱말을 바르게 고쳐 쓰세요.

(1) 그러자 해님이 **우스며** 말했어요.

(2) 둘은 서로가 더 힘이 **새다고** 우겼어요.

🔴 **생각을 더해요 ★ ★ ★**

오늘 있었던 일을 생각하며 누가 무엇을 했는지 써 보세요.

예) 엄마가 맛있는 볶음밥을 만들어 주셨어요.

1 다음 문장에 어울리는 흉내 내는 말을 괄호에서 골라 ○표 하세요.

(1) 수도꼭지에서 물방울이 (쌩쌩 / 뚝뚝) 떨어져요.

(2) 친구들이 이야기를 나누며 (깔깔 / 폴짝폴짝) 웃어요.

※ 다음 글을 읽고 물음에 답하세요. (2~4)

드디어 내일이 내 생일이에요. 생각만 해도 ㉠두근두근 가슴이 뛰었어요. 엄마는 나를 위해 케이크를 만들어 주신다고 했어요. 아빠는 내가 ㉡원하는 장난감을 사 주신다고 했어요. 잠자리에 누웠지만 설레는 마음 때문에 쉽게 잠이 오지 않았어요. 나는 작은 소리로 엄마에게 속삭였어요.

"엄마, 내일이 ㉢빨리 오면 좋겠어요."

엄마가 살며시 웃는 모습을 보니 나도 웃음이 나왔어요.

2 이 글에서 '나'의 생일은 언제인지 쓰세요.

_____

3 이 글에 나타난 '나'의 기분이 아닌 것을 고르세요.   [   ]

① 설렘   ② 행복함   ③ 기대됨   ④ 지겨움

4 이 글의 ㉠~㉢에서 소리나 모양을 흉내 내는 말을 찾아 기호를 쓰세요.   [   ]

※ 다음 글을 읽고 물음에 답하세요. (5~7)

우리 학교 복도에서 가끔 친구들이 빠르게 뛰어다니는 모습을 볼 수 있어요. 하지만 복도는 여러 사람이 함께 생활하는 공간이에요. 복도에서 뛰어다니면 서로 부딪혀 다칠 수 있어요.

복도에서 뛰지 말고 질서를 지켜요. 복도에서는 줄을 맞춰 움직이고, 앞에 가는 친구를 밀지 않게 조심해요. 또 정해진 방향으로 움직여서 반대편에 오는 친구와 부딪히지 않도록 조심해요.

더 안전한 학교를 만들기 위해 복도에서 질서를 지켜요.

5 복도에서 뛰어다니면 어떤 일이 생길 수 있는지 이 글에서 찾아 쓰세요.

_____

6 복도에서 지켜야 할 일이 아닌 것을 고르세요.   [   ]

① 빠르게 움직여요.

② 줄을 맞춰 움직여요.

③ 정해진 방향으로 움직여요.

④ 앞에 가는 친구를 밀지 않아요.

7 이 글에서 글쓴이가 하고 싶은 말은 무엇인지 빈칸에 알맞은 말을 쓰세요.

학교 ☐☐ 에서 ☐☐ 을/를 지켜요.

※ 다음 그림일기를 읽고 물음에 답하세요. (8~9)

20○○년 ○○월 ○○일 ○요일	날씨: 바람이 솔솔 부는 날

㉠엄마와 함께 시장에 갔다. 우선 과일 가게에 가서 내가 먹고 싶은 사과와 바나나를 샀다. 그 다음에는 생선 가게와 야채 가게를 천천히 구경했다. ㉡길을 걷다가 붕어빵을 파는 곳을 발견했다. 엄마가 붕어빵을 사 주셨다. 붕어빵이 따뜻하고 달콤했다. ㉢다음에도 엄마와 함께 시장에 가고 싶다.

8 이 그림일기에 들어가 있는 내용이 아닌 것을 고르세요. [ ]

① 날짜 ② 날씨 ③ 그림 ④ 이름

9 이 글의 ㉠~㉢에서 생각이나 느낌을 쓴 문장을 찾아 기호를 쓰세요.

※ 다음 글을 읽고 물음에 답하세요. (10~11)

오늘은 즐거운 토요일이에요. 가족과 함께 공원에 나들이를 갔어요. 아빠가 돗자리를 깔고 자리를 정리하는 동안 나는 신나게 자전거를 탔어요. 동생은 킥보드를 타며 내 뒤를 따라왔어요. 아빠와 엄마는 함께 배드민턴을 치셨어요. 동생과 나는 어느새 자리를 잡고 앉아 부모님을 응원했어요. 우리 가족 모두 땀이 송골송골 맺혔어요.

"우리 이제 그만 자리에서 쉴까요?"

엄마가 말씀하셨어요. 엄마의 말씀에 모두 함께 돗자리에 앉아 시원한 음료수를 마셨어요. 시간 가는 것이 아쉬울 만큼 행복했어요.

10 이 글에서 인물들이 한 일을 찾아 선을 이으세요.

(1) 나 •

(2) 동생 •

(3) 엄마, 아빠 •

• ㉠ 킥보드를 탔어요.

• ㉡ 자전거를 탔어요.

• ㉢ 배드민턴을 쳤어요.

11 이 글에서 다음 말을 한 인물은 누구인지 쓰세요.

"우리 이제 그만 자리에서 쉴까요?"

※ 다음에서 설명하는 낱말을 낱말 카드에서 찾아 쓰고 낱말 카드에 색칠하세요.

(1)	(2)	(3)	(4)
겨루어서 이김.	생각한 바를 실제로 함.	집을 떠나 가까운 곳에 잠시 다녀오는 일.	기쁨이나 감격이 마음에 가득 차서 벅차다.

나그네	경기	뿌듯하다	승리
실천	감탄	나들이	긴장

며칠과 몇 일

"○○ 동안 친척 집에 놀러 갔다 왔어요."

이 문장에서 ○○안에 들어갈 낱말은 무엇일까요?

'며칠'과 '몇 일' 중에 무엇이 알맞은 답일까요?

정답은 '며칠'입니다.

'며칠'은 두 가지 뜻을 가지고 있어요. 첫 번째로 '얼마 동안의 날'이라는 뜻이에요.

'며칠 동안 계속 연락이 없어요.'처럼 쓰일 수 있어요.

두 번째로 '그달의 몇 번째 날'이라는 뜻이에요.

'우리 며칠에 만날까?'처럼 쓸 수 있지요.

'몇 일'은 잘못된 표현이에요.

'며칠'을 '몇 일'이라고 쓰는 경우가 많지만, 표준어는 오직 '며칠'뿐이에요.

'몇 년', '몇 월', '몇 시' 같은 표현이 있어서 '몇 일'이라고 쓰는 것이 맞다고 착각할 수도 있어요.

하지만 '며칠'은 그 자체로 발음과 표기가 굳어진 하나의 낱말이랍니다.

깜짝 퀴즈

빈칸에 들어갈 알맞은 낱말은 뭘까요?

(1) 학교에 못 간 지 　　　　　　 됐어?

(2) 내 생일은 9월 12일이야. 네 생일은 몇 월 　　　　　　 이야?

2단원

	제목	글의 종류	학습 목표
7일차	자연의 재료로 만든 한옥	설명하는 글	무엇을 설명하는지 생각하며 글을 읽어요.
8일차	우주복 이야기	설명하는 글	글을 읽고 새롭게 알게 된 점을 말해요.
9일차	여우와 두루미	우화	인물의 모습과 행동을 상상할 수 있어요.
10일차	꼬리 따기 말놀이	말놀이 동요	말의 재미를 느끼며 말놀이를 할 수 있어요.
11일차	씨앗 심기	생활글	꾸며 주는 말을 넣어 문장을 쓰고 읽을 수 있어요.
12일차	단원 평가 2		

설명하는 글　　**자연의 재료로 만든 한옥**　 월　 일

　한옥은 우리나라 전통 집이에요. 나무와 흙, 돌, 기와 같은 한옥에 쓰인 자연 재료는 여러 가지 장점이 있어요. 주변 자연에서 쉽게 구할 수 있고, 자연환경을 오염시키지 않아요. 황토로 벽을 만들면 집 안의 좋지 않은 공기가 자연스럽게 없어져요. 문과 창문에 사용한 창호지는 공기와 햇빛을 통과시켜 사람들의 건강에 좋아요. 바닥에 돌을 깔아서 만든 온돌은 난방과 음식 조리를 동시에 할 수 있어서 에너지를 절약해요.

　한옥은 사람을 편하게 해 주는 지혜로운 집이에요. 우리 조상들의 숨은 지혜를 찾을 수 있어요. 대청마루에 앉으면 바람이 잘 통해 여름에 시원해요. 처마는 여름에는 뜨거운 햇빛을 막아 주고, 겨울에는 햇빛을 방 안 깊이 들게 해서 따뜻하게 해 줘요. 온돌은 바닥을 따뜻하게 데워서 겨울에도 포근하게 지낼 수 있어요.

 대청마루　 처마　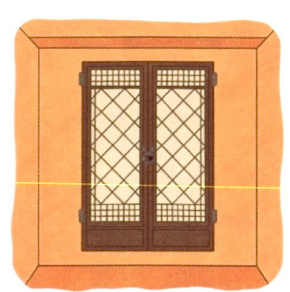 창호지 문

 핵심어와 만나요　　　　**#한옥 #재료 #지혜**

빈칸에 알맞은 낱말을 쓰세요.

(1)　　　　　　　은/는 우리나라 전통 집이에요.

(2) 한옥에 쓰인 자연　　　　　　은/는 여러 가지 장점이 있어요.

(3) 한옥은 사람을 편하게 해 주는　　　　　로운 집이에요.

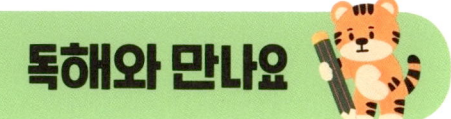

1 이 글의 내용으로 맞으면 ○표, 틀리면 ✕표 하세요.
내용 확인

(1) 한옥은 다른 나라의 영향을 받아 만들어졌어요. [   ]

(2) 대청마루에 앉으면 바람이 잘 통해 여름에 시원해요. [   ]

2 한옥에 쓰이지 않는 재료를 고르세요. [   ]
내용 이해

① 돌   ② 황토   ③ 창호지   ④ 플라스틱

3 한옥의 온돌을 바르게 이해한 사람은 누구인지 쓰세요.
내용 추론

> 해수   온돌은 난방과 음식 조리를 동시에 할 수 있어서 에너지를 절약해.
>
> 기범   온돌로 벽을 만들면 집 안의 좋지 않은 공기가 자연스럽게 없어져.

온돌의 구조

4 이 글이 설명하는 것은 무엇인지 고르세요. [   ]
적용

① 한옥의 가격

② 한옥과 아파트의 차이점

③ 한옥의 재료와 특별한 점

④ 한옥의 좋은 점과 나쁜 점

 설명하는 글을 읽으면 새로운 내용을 알 수 있어요.

 무엇을 설명하는지 알려면 어떻게 읽어야 하나요?

 **제목**을 잘 보아야 해요. 제목에 설명하는 대상이 나타나는 경우가 많아요.

 설명하는 대상이 글 속에 자주 나오는 것 같아요.

 설명하는 것이 무엇인지 알아보았으면, 어떤 **특징**을 설명하는지 생각하며 읽어요.

1
개념 확인

괄호에 들어갈 알맞은 말을 골라 ○표 하세요.

(1) 설명하는 글을 읽을 때는 (제목 / 글쓴이)을/를 잘 살펴보아야 해요.

(2) 설명하는 대상의 어떤 (특징 / 사는 곳)을 설명하는지 알아보세요.

2
개념 적용

다음 글에서 설명하는 '이것'은 무엇인지 쓰세요.

> 우리는 '이것'을 종이 자를 때 사용해요. '이것'에는 손잡이와 날이 있어요. '이것'의 손잡이는 주로 엄지손가락과 나머지 손가락으로 잡아요. 물건을 자르는 곳은 날이에요. 날은 매끄러운 것이 많아요.

1 괄호에 들어갈 알맞은 말을 골라 ○표 하세요.

어휘

(1) 이 수학 문제의 답은 (틀리다 / 다르다).	(2) 동생과 나는 생김새가 (틀리다 / 다르다).

2 다음 밑줄 친 낱말을 바르게 고쳐 쓰세요.

맞춤법

(1) 한옥은 사람을 **펴나게** 해 주는 지혜로운 집이에요.

(2) 온돌은 바닥을 따뜻하게 **대워서** 겨울에도 포근해요.

 생각을 더해요 ★ ★ ★

자신이 살고 싶은 집은 어떤 집인지, 왜 그런 집에서 살고 싶은지 써 보세요.

예) 나는 바다 위에 둥둥 떠 있는 집에서 살고 싶어요. 수영을 자주 하고 싶기 때문이에요.

| 설명하는 글 | **우주복 이야기** | 월 | 일 |

새로운 세계를 탐험할 때는 그곳의 환경과 날씨에 어울리는 옷을 입어야 해요. 만약 우리가 우주를 탐험한다면 어떤 옷을 입어야 할까요?

우주는 우리가 살고 있는 지구와 많이 달라요. 공기가 없어서 너무 춥거나 뜨거울 수 있어요. 또한 엄청난 속도로 빠르게 날아다니는 우주 먼지와 각종 전자파 및 방사능이 우주 비행사를 위협해요. 그래서 특별한 우주복이 필요해요. 우주복은 내부 압력과 온도를 일정하게 유지하고, 사람에게 필요한 공기를 제공해 주어야 해요. 그리고 우주 비행사와 우주선과의 통신도 이어 주어야 하죠.

초기 우주복은 우주 비행사들의 신체에 맞게 맞춤 제작한 일회용 옷이었어요. 그러나 요즘은 우주 비행사의 다양한 몸의 크기에 맞게 부품을 선택해서 제작해요. 초기 우주복은 복잡하고 무거웠으나, 요즘 우주복은 좀 더 가볍고 움직이기 더 편해졌어요.

우주를 계속 탐험하면서 새로운 우주복도 많이 만들어지겠죠? 앞으로 우주복은 어떻게 발전할까요?

 핵심어와 만나요 #탐험 #우주 #발전

빈칸에 알맞은 낱말을 쓰세요.

(1) 만약 우리가 우주를 　　　　한다면 어떤 옷을 입어야 할까요?

(2) 　　　　은/는 우리가 살고 있는 지구와 많이 달라요.

(3) 앞으로 우주복은 더 　　　　할 거예요.

1 이 글의 내용으로 맞으면 ○표, 틀리면 ✕표 하세요.

내용 확인

(1) 우주는 공기가 많아서 너무 춥거나 너무 뜨거울 수 있어요. [   ]

(2) 새로운 곳을 탐험할 때는 그곳의 환경에 어울리는 옷을 입어야 해요. [   ]

2 요즘 우주복의 특징을 모두 고르세요. [   ]

내용 이해

① 복잡하고 아주 무거워요.

② 가볍고 움직이기 편해요.

③ 우주 비행사들의 신체 크기에 맞게 맞춤 제작한 일회용 옷이에요.

④ 우주 비행사의 다양한 몸의 크기에 맞게 부품을 선택해서 제작해요.

3 이 글에서 설명하는 것이 무엇인지 고르세요. [   ]

내용 추론

① 특별한 날 입는 옷들

② 우주와 우주복의 특징

③ 사계절의 변화에 어울리는 옷

④ 지구와 우주의 같은 점과 다른 점

4 이 글을 읽고 새롭게 알게 된 점을 바르게 말한 사람은 누구인지 쓰세요.

적용

> 지아 | 우주복은 내부 압력과 온도를 일정하게 유지해야 하는구나.
>
> 서윤 | 우주가 매우 추울 수 있으니까 두꺼운 우주복을 만들어야 해.

 글에서 소개하는 대상을 찾으려면 글의 제목이나 자주 나오는 내용을 살펴봐요.

 어떻게 하면 쉽게 찾을 수 있어요?

 소개하는 내용에 **밑줄을 그으면서** 읽어요.

 밑줄을 그으며 글을 읽다 보니 제가 잘 몰랐던 내용도 알게 되었어요.

 설명하는 글을 읽으면 **새로운 것**을 알게 되어서 참 재미있어요.

---

1 괄호에 들어갈 알맞은 말을 골라 O표 하세요.

개념 확인

(1) 소개하는 내용에 (밑줄을 그으면서 / 색칠을 하면서) 읽으면 소개하는 대상을 찾을 수 있어요.

(2) 설명하는 글을 읽으면 (글쓴이의 생각과 느낌 / 새로운 것)을 알 수 있어요.

2 다음 글을 읽고, 새롭게 알게 된 점 한 가지를 써 보세요.

개념 적용

> 문어는 몸속에 뼈가 없어서 흐물흐물해요. 지느러미가 없어서 다른 물고기들처럼 헤엄은 잘 못 쳐요. 대신 다리를 쭉 뻗어 바닥을 잘 기어다녀요. 위험할 때는 주변과 비슷하게 몸 색깔을 바꿔요. 위급한 순간에는 먹물을 뿜을 수도 있어요.

---

1 어휘

빈칸에 들어갈 알맞은 낱말을 〈보기〉에서 찾아 쓰세요.

〈보기〉 　위협 　제공 　부품

(1) 이 장난감은   이/가 없어서 조립할 수 없어요.

(2) 반장 선거 때 친구들에게 간식을   하면 안 돼요.

(3) 담배는 사람들의 건강에 큰   이/가 되고 있어요.

2 맞춤법

다음 밑줄 친 낱말을 바르게 고쳐 쓰세요.

(1) **아프로** 우주복은 어떻게 발전할까요?

(2) 새로운 **세게를** 탐험해요.

생각을 더해요 ★ ★ ★

오늘 수업 시간에 새롭게 알게 된 것을 써 보세요.

예) 시계에서 긴바늘이 가리키는 작은 눈금 한 칸은 1분을 나타내요.

. . . .

. . . .

우화	**여우와 두루미**	 월	 일

　　여우와 두루미는 한마을에 살아요. 어느 날, 여우가 두루미를 집으로 초대했어요. 두루미는 무척 기뻐하며 여우의 집으로 갔어요. 여우의 집은 맛있는 냄새로 가득했어요.

　　여우가 넓고 납작한 접시에 밥을 담아 왔어요. 여우는 날름날름 잘도 먹었지만, 부리가 긴 두루미는 먹을 수 없었어요. 두루미는 아무것도 먹지 못한 채 집으로 돌아갔지요.

　　며칠 뒤, 이번에는 두루미가 여우를 집으로 초대했어요. 두루미는 주둥이가 좁고 긴 그릇에 맛있는 음식을 가득 담아 왔어요. 두루미는 쏙쏙 잘 먹었지만, 여우는 하나도 먹지 못했어요. 결국, 여우는 실망한 채 한 입도 못 먹고 집으로 돌아갔어요.

 핵심어와 만나요　　　　　　　　　**#초대 #접시 #실망**

빈칸에 알맞은 낱말을 쓰세요.

(1) 여우가 두루미를 집으로 　　　　　　　 했어요.

(2) 두루미는 넓고 납작한 　　　　　　　 에 담긴 음식을 먹지 못했어요.

(3) 여우는 두루미가 준비한 음식을 먹지 못해서 　　　　　　　 했어요.

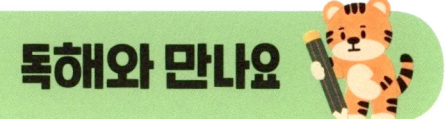

1 이 글의 내용으로 맞으면 ○표, 틀리면 ✕표 하세요.

내용 확인

(1) 여우가 먼저 두루미를 초대했어요.   [   ]

(2) 두루미는 넓고 납작한 접시에 음식을 담아 주었어요.   [   ]

2 이 글에 나오는 인물을 모두 찾아 ○표 하세요.

내용 이해

| 여우 | 두루미의 엄마 | 두루미 |

3 여우가 준비한 음식을 두루미가 먹지 못한 까닭을 고르세요.   [   ]

내용 추론

① 두루미가 감기에 걸려서

② 두루미의 부리가 길어서

③ 두루미가 배가 고프지 않아서

④ 두루미가 싫어하는 음식이라서

4 이 글을 읽고 여우와 두루미의 행동을 바르게 상상하지 못한 사람은 누구인지 쓰세요.

적용

수아   두루미는 여우가 준비한 음식을 보고 활짝 웃었을 것 같아.

민규   여우는 입이 납작해서 두루미가 준 그릇 속 음식을 못 먹은 것 같아.

태희   두루미는 화가 나서 일부러 여우가 못 먹는 그릇에 음식을 담은 것 같아.

 이야기 속에서 말이나 행동, 생각을 하는 이를 인물이라고 해요.

 '흥부와 놀부' 이야기에서 제비도 인물이에요?

 네, 맞아요. 제비도 생각을 하니까요. 인물의 모습이나 행동을 상상할 때는 작품에서 **모습과 행동을 나타내는 표현**을 찾으면 돼요.

 내가 이야기 속 인물이라고 생각하고 상상해 볼래요.

 인물의 **마음**을 짐작해 보는 것도 인물의 모습과 행동을 상상하는 데 도움이 돼요.

1
개념 확인

괄호에 들어갈 알맞은 말을 골라 ○표 하세요.

(1) 인물의 모습이나 행동을 상상할 때 작품에서 (모습과 행동을 나타내는 표현 / 바르게 설명하는 부분)을 찾아요.

(2) 인물의 (마음 / 직업)을 짐작해 보는 것도 인물의 모습과 행동을 상상하는 데 도움이 돼요.

2
개념 적용

여우가 준비한 음식을 보고 두루미가 무슨 말을 했을지, 말풍선에 들어갈 말을 상상해서 쓰세요.

_____

_____

1 **어휘**

다음 낱말의 뜻을 생각하며 〈보기〉처럼 짧은 글을 쓰세요.

〈보기〉　실망 : 나는 달리기에서 1등 하지 못해서 실망했어요.

(1) 초대 : _____

(2) 접시 : _____

2 **맞춤법**

다음 밑줄 친 낱말을 바르게 고쳐 쓰세요.

(1) 여우는 밥을 **넙고** 납작한 접시에 담아 왔어요.

(2) 여우는 실망한 **체** 한 입도 못 먹고 집으로 돌아갔어요.

생각을 더해요 ★ ★ ★

우리 집에 초대하고 싶은 사람과 함께하고 싶은 일을 써 보세요.

★ 초대하고 싶은 사람

. . . .

★ 함께하고 싶은 일

. . . .

말놀이 동요	**꼬리 따기 말놀이**	 월  일

강아지는 귀여워
귀여우면 아기

아기는 작아
작으면 딸기

딸기는 빨개
빨가면 태양

태양은 뜨거워
뜨거우면 라면

라면은 맛있어
맛있으면 초콜릿

✅ **핵심어와 만나요**　　　　　　　　**#말놀이 #꼬리 #뜨겁다**

빈칸에 알맞은 낱말을 쓰세요.

(1) 말을 주고받으며 말의 재미를 느끼는 　　　　　　 을/를 할 수 있어요.

(2) 비슷한 것을 떠올려서 말을 이어 가는 　　　　　　 따기 말놀이를 해요.

(3) 태양과 라면은 　　　　　　 라는 점이 비슷해요.

1 내용 확인

이 글의 내용으로 맞으면 ○표, 틀리면 ✕표 하세요.

(1) 강아지와 아기는 작다는 점이 비슷해요.　　　　　　　　　　[　　　]

(2) 라면과 초콜릿은 맛있다는 점이 비슷해요.　　　　　　　　　[　　　]

2 내용 이해

다음에서 꼬리 따기 말놀이를 바르게 한 사람은 누구인지 ○표 하세요.

(1)
강아지는 귀여워
고양이도 귀여워
토끼도 귀여워

(2)
강아지는 귀여워
귀여우면 토끼
토끼는 빨라

3 내용 추론

이 노랫말에서 알 수 있는 꼬리 따기 말놀이의 특징을 고르세요.　　[　　　]

① 문장을 정확하고 빠르게 읽어요.

② 묻고 답하면서 말을 주고받아요.

③ 첫 글자가 같은 말을 이어 나가요.

④ 비슷한 것을 떠올려서 말을 이어 가요.

4 적용

이 노랫말의 뒤를 이어 꼬리 따기 말놀이를 완성해 보세요.

 초콜릿은 _____

_____

_____

 말을 주고받으며 하는 놀이를 **말놀이**라고 해요. 꼬리 따기 말놀이, 끝말잇기, 말 덧붙이기 놀이, 수수께끼 같은 말놀이가 있지요.

 말놀이를 잘하려면 어떻게 해야 해요?

 앞사람이 하는 말을 귀 기울여 들어야 해요.

 재미있는 말놀이를 해 보고 싶어요.

 **규칙이나 방법**을 생각하며 말놀이를 재미있게 해 보세요.

1 개념 확인

괄호에 들어갈 알맞은 말을 골라 ○표 하세요.

(1) 말을 주고받으며 하는 놀이를 (말놀이 / 말장난)(이)라고 해요.

(2) (정답 / 규칙이나 방법)을 생각하며 말놀이를 해요.

2 개념 적용

말 덧붙이기 놀이는 앞사람이 한 말을 반복한 뒤에 다른 말을 덧붙이는 놀이예요. 말 덧붙이기 놀이의 방법을 생각하며 빈칸에 알맞은 낱말을 쓰세요.

과일 가게에 가면
사과도 있고,
바나나도 있고,

→

과일 가게에 가면
사과도 있고,
바나나도 있고,
[   ]도 있고,

1 말놀이

다음 낱말의 끝 글자를 따와 끝말잇기를 해 보세요.

(1) 지구 — [   ] — [   ] — [   ]

(2) 바나나 — [   ] — [   ] — [   ]

(3) 기차 — [   ] — [   ] — [   ]

2 말놀이

다음 낱말의 첫 글자를 따와 첫 글자로 말 잇기 놀이를 해 보세요.

(1) 비누 — [비행기] — [   ] — [   ] — [   ]

(2) 가방 — [가위] — [   ] — [   ] — [   ]

생각을 더해요 ★ ★ ★

자신이 좋아하는 말놀이가 무엇인지 써 보세요.
그리고 가족과 함께 재미있게 해 보세요.

....

....

생활글　**씨앗 심기**　　월　　일

　며칠 전, 학교에서 씨앗을 심었어요. 선생님께서 씨앗을 주며 말씀하셨어요.

　"이건 강낭콩 씨앗이에요. 물을 잘 주고 햇빛을 쬐어 주면 싹이 날 거예요."

　㉠작고 동그란 씨앗을 손에 올려놓고 한참을 들여다보았어요. ㉡조용한 씨앗 속에서 무언가 살아 숨 쉬는 것 같았어요. 조심조심 흙을 퍼 화분에 담고, 씨앗을 쏙 심었어요. 씨앗 위에 ㉢포근한 이불처럼 흙도 덮었어요. 물도 살살 뿌려 ㉣주었지요. 다음 날부터 아침마다 창가에 놓인 화분을 들여다보았어요. 하지만 아무것도 변하지 않았어요. 그래도 매일 물을 주며 기다렸어요.

　그러던 어느 날 아침, 깜짝 놀랐어요. 흙 사이에서 아주 작은 초록색 싹이 쏙 올라왔어요. 그 뒤로 싹은 점점 자라났어요. 연한 줄기가 길어지고, 잎도 두 장, 세 장씩 생겼어요. 씨앗 하나가 이렇게 쑥쑥 자라다니, 정말 신기한 일이에요.

✅ **핵심어와 만나요**　#씨앗 #싹 #줄기

빈칸에 알맞은 낱말을 쓰세요.

(1) 며칠 전, 학교에서 　　　　　　을/를 심었어요.

(2) 매일 물을 주며 기다리니 작은 　　　　　이/가 쏙 올라왔어요.

(3) 점점 　　　　　이/가 길어지고 잎도 많아졌어요.

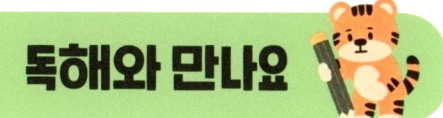

1
내용 확인

이 글의 내용으로 맞으면 ○표, 틀리면 ✕표 하세요.

(1) 강낭콩 씨앗을 심었어요.　　　　　　　　　　　　　[　　　]

(2) 친구가 씨앗을 나누어 주었어요.　　　　　　　　　　[　　　]

2
내용 이해

일이 일어난 순서대로 기호를 쓰세요.

> ㉠ 화분에 씨앗을 심었어요.
>
> ㉡ 초록색 싹을 보고 깜짝 놀랐어요.
>
> ㉢ 매일 물을 주며 기다렸어요.

[　　　] → [　　　] → [　　　]

3
내용 추론

이 글의 ㉠~㉣에서 뒤에 오는 말을 꾸며 주는 말이 아닌 것을 고르세요.　[　　　]

① ㉠　　　　② ㉡　　　　③ ㉢　　　　④ ㉣

4
적용

다음 문장의 뜻을 더 자세하게 해 줄 낱말을 〈보기〉에서 찾아 빈칸에 쓰세요.

〈보기〉　울긋불긋　작은　큰

씨앗 하나가 이렇게 쑥쑥 자라다니, 정말 신기한 일이에요.

→ [　　　　　　] 씨앗 하나가 이렇게 쑥쑥 자라다니, 정말 신기한 일이에요.

 '넓은', '활짝'처럼 뒤에 오는 말을 꾸며 그 뜻을 자세하게 해 주는 말을 **꾸며 주는 말**이라고 해요.

 꾸며 주는 말이 왜 필요해요?

 꾸며 주는 말을 사용하면 생각이나 느낌을 좀 더 **생생하게** 표현할 수 있어요.

 꾸며 주는 말을 넣으니 문장이 더 재밌어져요.

 똑똑한 친구가 멋진 생각을 했군요!

1
개념 확인

괄호에 들어갈 알맞은 말을 골라 ○표 하세요.

(1) '활짝'처럼 뒤에 오는 말을 꾸며 그 뜻을 자세하게 해 주는 말을 (흉내 내는 말 / 꾸며 주는 말)이라고 해요.

(2) 꾸며 주는 말을 사용하면 생각이나 느낌을 좀 더 (생생하게 / 똑똑하게) 표현할 수 있어요.

2
개념 적용

빈칸에 들어갈 알맞은 꾸며 주는 말을 〈보기〉에서 찾아 쓰세요.

〈보기〉 맛있게   빠르게   활짝

(1) 치타가 _____ 달려요.

(2) 장미꽃이 _____ 피었어요.

(3) 아이스크림을 _____ 먹었어요.

1 어휘

다음 문장에서 꾸며 주는 말을 찾아 ○표 하세요.

(1) 시원하게 비가 내려요.

(2) 자전거를 타고 씽씽 달려요.

(3) 과수원에 탐스러운 사과가 열려요.

2 맞춤법

다음 밑줄 친 낱말을 바르게 고쳐 쓰세요.

(1) 씨앗 위에 포근한 이불처럼 흙도 **덥었어요**.

(2) 물을 잘 주고 **햇빗**을 쬐어 주면 싹이 날 거예요.

 생각을 더해요 ★ ★ ★

꾸며 주는 말을 사용해 자신이 잘하는 것을 써 보세요.

예) 나는 씩씩하게 태권도를 잘해요.

....

....

※ 다음 글을 읽고 물음에 답하세요. (1~2)

사물놀이는 우리나라 전통 음악 중 하나예요. 꽹과리, 징, 장구, 북 이렇게 네 가지 악기로 연주해요.

꽹과리는 쇠로 만들어진 악기예요. 날카롭고 높은 소리가 나요. 징은 꽹과리보다 낮고 묵직한 소리를 내요. 크기도 꽹과리보다 더 커요. 북은 둥글고 크며 가죽으로 만들어졌어요. 장구도 가죽으로 만들어졌는데, 가운데가 잘록한 모양이에요. 두 손으로 양쪽을 치면서 다양한 리듬을 만들 수 있어요.

사물놀이는 이 네 가지 악기가 서로 어울려서 신나게 힘찬 소리를 만들어 내는 것이 특징이에요. 마을 잔치나 축제 때 신나는 사물놀이 음악을 들을 수 있어요.

1 이 글에서 설명하는 내용이 무엇인지 고르세요. [   ]

① 사물놀이의 악기

② 사물놀이를 하는 장소

③ 사물놀이가 시작된 시기

④ 사물놀이를 배우면 좋은 점

2 이 글을 읽고 새롭게 알게 된 점을 바르게 말한 사람은 누구인지 쓰세요.

신일　꽹과리는 가운데가 잘록한 모양이구나.

해수　북과 장구는 모두 가죽으로 만들어졌구나.

※ 다음 글을 읽고 물음에 답하세요. (3~4)

우리 집 고양이 이름은 샛별이에요. 눈이 반짝반짝 빛나서 이름을 샛별이라고 지었어요. 샛별이는 몸이 대부분 검정색이고 입 부분과 가슴에 흰색 털이 있는 고양이에요. 마치 턱시도를 입은 것처럼 보여요. 샛별이는 창가에 가만히 앉아 있는 것을 좋아해요. 창가에서 몸을 둥글게 말고 가만히 앉아서 창밖을 구경해요. 창밖에 새가 날아가면 순간 몸을 낮춰 살짝 고개를 내밀기도 하지요. 그러다 다시 자리에 앉아 꼬리를 살랑살랑 흔들어요. 샛별이의 그런 모습을 보면 마치 왕자님처럼 우아하다는 생각이 들어요.

3 샛별이의 모습으로 알맞은 것을 찾아 〇표 하세요.

(1)	(2)	(3)

4 이 글을 읽고 샛별이의 모습과 행동을 바르게 상상한 사람은 누구인지 쓰세요.

해솔 고양이가 날카롭게 우는 모습이 무서워. 고양이의 손톱에 긁히면 아플 것 같아.

다원 고양이가 조용히 앉아 있는 모습이 평화롭게 느껴져. 창가에 가만히 누워 있는 것도 좋아할 것 같아.

※ 다음 글을 읽고 물음에 답하세요. (5~7)

사탕은 달콤해

달콤하면 딸기

딸기는 작아

작으면 내 동생

내 동생은 귀여워

귀여우면 _____

5 이 노랫말의 특징을 고르세요.   [   ]

① 말을 덧붙여 나가요.

② 묻고 답하고 있어요.

③ 첫 글자가 같은 말을 이어 나가요.

④ 비슷한 것을 떠올려서 말을 이어 가요.

6 이 글의 빈 곳에 이어서 나올 노랫말을 쓰세요.

_____

7 이 노랫말에서 사탕과 딸기는 어떤 점이 비슷한지 고르세요.   [   ]

① 사탕과 딸기는 빨개요.

② 사탕과 딸기는 작아요.

③ 사탕과 딸기는 귀여워요.

④ 사탕과 딸기는 달콤해요.

8 빈칸에 들어갈 알맞은 꾸며 주는 말을 〈보기〉에서 찾아 쓰세요.

> 〈보기〉 빙글빙글   시원한   탐스러운   힘차게

(1) 바람개비가   돌아가요.

(2)   포도가 주렁주렁 열렸어요.

(3) 체육 시간에 운동장을   달렸어요.

(4) 날씨가 더워서   아이스크림을 먹었어요.

9 〈보기〉에서 꾸며 주는 말 중 하나를 골라 그림을 설명하는 문장을 쓰세요.

> 〈보기〉 넓은   귀여운   힘차게

_____

_____

10 다음 문장에서 꾸며 주는 말을 찾아 ○표 하세요.

(1) 주원이가 땀을 뻘뻘 흘리며 뛰어요.

(2) 지윤이가 피아노를 아름답게 연주해요.

※ 다음에서 설명하는 낱말을 낱말 카드에서 찾아 쓰고 낱말 카드에 색칠하세요.

(1) 어떤 무리의 끝.	[ ]
(2) 물건을 만드는 데 들어가는 것.	[ ]
(3) 더 낫고 좋은 상대나 더 높은 단계로 나아감.	[ ]
(4) 바라던 일이 뜻대로 되지 않아 마음이 몹시 상함.	[ ]
(5) 우리나라 고유의 형식으로 지은 집을 이르는 말.	[ ]
(6) 위험을 무릅쓰고 어떤 곳을 찾아가서 살펴보고 조사함.	[ ]

꼬	리	고	방	소
선	한	옥	제	재
전	기	수	산	료
놀	이	발	전	사
실	탐	험	서	대
망	배	영	과	구

하루, 이틀, 사흘, 나흘?

'하루, 이틀' 다음에 오는 말은 무엇일까요?

사흘? 삼 일?

최근 순우리말인 '사흘'의 '사'를 4로 착각해서 4일이라고 생각하는 사람들이 많다고 해요.

순우리말로 날을 셀 때에는 하루, 이틀, 사흘, 나흘, 닷새, 엿새, 이레, 여드레, 아흐레, 열흘이라는 낱말을 사용해요.

이런 말들은 옛날부터 내려온 우리말이에요.

한자어가 아닌 순수한 우리말이라서 더 따뜻하고 정겨운 느낌이 들어요.

숫자와 날이 결합되어 시간이나 기간을 명확하게 나타내기도 하지요.

'닷새' 같은 경우는 '다섯'과 '날'이 합쳐진 표현이에요.

우리말의 멋과 옛사람들의 생활이 담겨 있는 소중한 표현을 바르게 사용해요.

깜짝 퀴즈

빈칸에 들어갈 알맞은 낱말은 뭘까요?

1일	하루	6일	엿새
2일	이틀	7일	이레
3일		8일	
4일	나흘	9일	아흐레
5일		10일	

3단원

	제목	글의 종류	학습 목표
13일차	나는 마을 탐험대	일기	겪은 일이 드러나게 일기를 쓸 수 있어요.
14일차	신나는 흙 놀이	생활글	겹받침을 바르게 읽고 쓸 수 있어요.
15일차	두고 온 필통	생활글	인물의 마음을 짐작할 수 있어요.
16일차	세계 여러 나라의 옷	설명하는 글	글을 읽고 중요한 내용을 찾을 수 있어요.
17일차	가족회의	생활글	글을 읽고 인물의 생각과 까닭을 알 수 있어요.
18일차	단원 평가 3		

일기   나는 마을 탐험대

 월  일

20〇〇년 〇〇월 〇〇일 〇요일	날씨: 화창하게 맑은 날

　엄마와 함께 마을을 한 바퀴 둘러보았다. 우리 집에서 학교 쪽으로 조금 걷다 보니 고소한 빵 냄새가 솔솔 풍겨왔다. 엄마가 지난주에 새로 생긴 빵집이라고 말했다. 빵집에 들러서 달콤한 단팥빵을 하나 샀다. 빵집 옆에는 내가 자주 가는 문구점이 있었다. 길 건너에 경찰서가 보였다. 신호등을 잘 살피며 조심히 길을 건너 경찰서 쪽으로 갔다. 경찰서, 우체국, 소방서 같은 공공 기관을 지나니 저 멀리 우리 학교가 보였다.

　엄마와 함께 마을의 이곳저곳을 구경해 보니 재미있었다. 평소에는 그냥 지나쳤던 길도 천천히 걸어 보니 새로웠다. 가게의 간판을 자세히 살펴보는 것도 재미있었다. 새로 생긴 가게도 알게 되었다. 다음에는 친구들과 함께 마을을 한 바퀴 돌아보고 싶다.

✅ **핵심어와 만나요**　　　　　　　　#마을 #공공 기관 #구경

빈칸에 알맞은 낱말을 쓰세요.

(1) 엄마와 함께 　　　　　　　 을/를 둘러보았어요.

(2) 경찰서, 우체국, 소방서 같은 　　　　　　　 을/를 지났어요.

(3) 마을의 이곳저곳을 　　　　　　　 하니 재미있었어요.

1
내용 확인

이 글의 내용으로 맞으면 ○표, 틀리면 ✕표 하세요.

(1) 빵집 옆에 문구점이 있었어요. [   ]

(2) 친구들과 마을을 한 바퀴 돌아보았어요. [   ]

2
내용 이해

이 글에서 '나'가 '본 것, 한 것, 들은 것'을 찾아 선을 이으세요.

(1) **본 것** •

• ㉠ 빵집에서 단팥빵을 샀어요.

(2) **한 것** •

• ㉡ 가게의 간판을 살펴보았어요.

(3) **들은 것** •

• ㉢ 지난주에 빵집이 새로 생겼다고 들었어요.

3
내용 추론

이 글에서 '나'의 생각과 느낌이 아닌 것을 고르세요. [   ]

① 엄마와 함께 마을의 이곳저곳을 탐험해 보니 재미있어요.

② 다음에는 친구들과 함께 마을을 한 바퀴 돌아보고 싶어요.

③ 신호등을 잘 살피며 조심히 길을 건너 경찰서 쪽으로 갔어요.

④ 평소에는 그냥 지나치던 길도 천천히 걸어 보니까 새로웠어요.

4
적용

겪은 일을 일기로 쓸 때 주의할 내용으로 맞으면 ○표, 틀리면 ✕표 하세요.

(1) 겪은 일에 대한 자신의 생각이나 느낌을 솔직하게 써요. [   ]

(2) 내가 설명하고 싶은 것을 읽는 사람이 잘 이해할 수 있게 써요. [   ]

 겪은 일에 대한 생각이나 느낌을 자유롭게 일기로 쓸 수 있어요.

 무엇을 일기로 써야 할지 잘 모르겠어요.

 자신이 겪은 일 가운데에서 가장 기억에 남는 일을 **인상 깊은 일**이라고 해요. 인상 깊은 일 중에서 글의 내용이 되는 이야깃거리인 **글감**을 찾아보세요.

 한 것, 본 것, 들은 것을 떠올려 볼래요.

 떠올린 일 가운데에서 기뻤던 일, 슬펐던 일, 화났던 일 등이 무엇인지 생각해서 일기로 써 봐요.

1
개념 확인

괄호에 들어갈 알맞은 말을 골라 ○표 하세요.

(1) (인상 깊은 일 / 생각이나 느낌)은 자신이 겪은 일 가운데에서 가장 기억에 남는 일을 말해요.

(2) 글의 내용이 되는 이야깃거리를 (글감 / 문단)이라고 해요.

2
개념 적용

자신이 하루 동안 겪은 일 중에서 '본 것'을 떠올려서 빈 곳에 쓰세요.

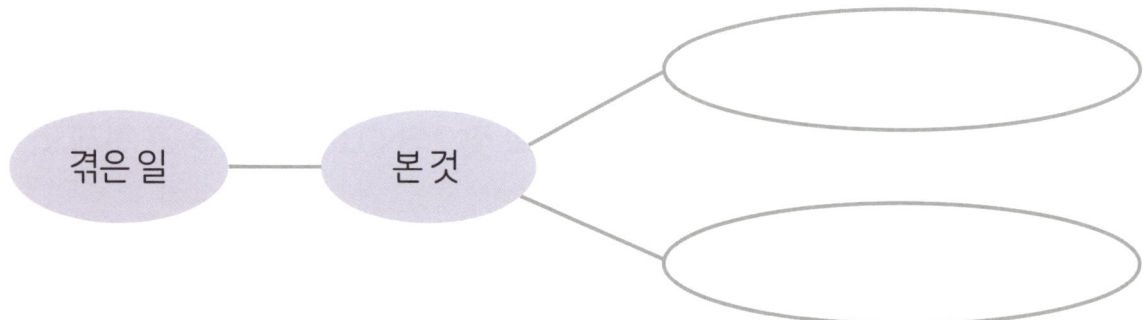

1
어휘

다음 낱말의 뜻을 생각하며 〈보기〉처럼 짧은 글을 쓰세요.

〈보기〉   공공 기관 : 공공 기관에는 경찰서, 소방서 등이 있어요.

(1) 일기 : _____

(2) 구경 : _____

2
맞춤법

다음 밑줄 친 낱말을 바르게 고쳐 쓰세요.

(1) **다음애**는 친구들과 함께

동네를 한 바퀴 돌아보고 싶어요.

(2) 신호등을 잘 살피며 **조심이** 길을 건너

경찰서 쪽으로 갔어요.

생각을 더해요 ★ ★ ★

오늘 겪은 일 중에서 일기로 쓰고 싶은 일을 써 보세요.

예) 가족과 함께 시장에 가서 꽈배기를 사 먹은 일

. . . .

. . . .

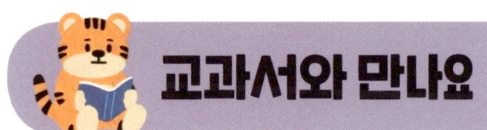

생활글	# 신나는 흙 놀이	 월 일

오늘은 학교 가는 발걸음이 더 신났어요. 신나는 흙 놀이를 하는 날이기 때문이에요. 오늘따라 하늘도 더 맑아 보였어요.

드디어 2교시 통합 교과 시간이 되었어요. 우리는 가져온 준비물을 챙겨서 학교 놀이터로 나갔어요. 먼저 놀이터의 흙을 맨발로 밟아 보았어요. 흙이 보들보들 부드러웠어요. 우리는 춤추듯이 신나게 흙을 밟아 본 뒤에 자리에 앉았어요. 채민이는 모래놀이 장난감이 ㉠없다고 했어요. 그래서 내 몫을 나누어 쓰기로 했어요. 함께 멋진 성을 쌓았어요. 흙에 물을 뿌려 성을 더 단단하게 만들었어요. 두꺼비집 짓기 놀이도 했어요. 모둠별로 둘러앉아 노래를 부르며 두꺼비집을 지었어요. 손을 완전히 빼도 두꺼비집이 무너지지 않아 신기했어요.

흙 놀이를 마치며 우리가 놀고 난 자리를 깨끗하게 정리했어요. 친구들과 함께 흙 놀이를 해서 정말 즐거운 하루였어요.

✅ **핵심어와 만나요**   **#발걸음 #성 #정리**

빈칸에 알맞은 낱말을 쓰세요.

(1) 오늘은 흙 놀이를 하는 날이라 학교 가는 _____ 이/가 더 신났어요.

(2) 맨발로 흙을 밟아 보고 _____ 도 쌓았어요.

(3) 놀이를 마치고 우리가 놀고 난 자리를 깨끗하게 _____ 했어요.

1 이 글의 내용으로 맞으면 ○표, 틀리면 ✕표 하세요.

내용 확인

(1) 흙이 까칠까칠했어요.   [   ]

(2) 노래를 부르며 두꺼비집을 지었어요.   [   ]

2 다음 두 낱말의 공통된 특징은 무엇인지 고르세요.   [   ]

내용 이해

흙   몫

① 받침이 없어요.

② 받침에 자음자 하나를 사용해요.

③ 두 개의 같은 자음자를 받침으로 사용해요.

④ 두 개의 다른 자음자를 받침으로 사용해요.

3 빈칸에 들어갈 알맞은 낱말을 〈보기〉에 찾아 쓰세요.

내용 추론

〈보기〉   밟았어요   맑아요   앉아

(1) 오늘은 하늘이   .

(2) 우리는 흙을   .

(3) 자리에   흙 놀이를 시작했어요.

4 이 글의 ㉠을 바르게 읽은 것을 고르세요.   [   ]

적용

① 업따   ② 업타   ③ 엄따   ④ 엄타

73

 낱말에 사용하는 받침 가운데에서 ㄲ, ㅆ은 쌍받침이라고 하고, ㄳ, ㄵ, ㄶ, ㄼ 따위는 **겹받침**이라고 해요.

 겹받침이 있는 낱말을 본 적이 있어요.

 '밟다', '몫', '여덟', '없다'와 같은 낱말이 겹받침이 있어요.

 겹받침은 바르게 읽기가 어려워요.

 겹받침은 **한 받침**만 소리가 나요. 대부분 앞 받침인 'ㄱ', 'ㄴ', 'ㅂ'으로 발음해요. 물론 예외도 있지요.

1

개념 확인

빈칸에 들어갈 알맞은 말을 골라 ○표 하세요.

(1) 받침에서 ㄳ, ㄵ, ㄶ, ㄹ 따위는 (홑받침 / 겹받침)이라고 해요.

(2) 겹받침은 대부분 (한 받침 / 두 받침)만 소리가 나요.

2

개념 적용

그림과 어울리는 낱말을 〈보기〉에서 찾아 쓰세요.

〈보기〉　끊다　앉다

1
어휘

다음 낱말의 알맞은 발음을 찾아 ○표 하세요.

(1) 많다 — [만타] / [만다]

(2) 못 — [목] / [못]

(3) 흙 — [흘] / [흑]

2
맞춤법

다음 밑줄 친 낱말을 바르게 고쳐 쓰세요.

(1) 두꺼비집 **짖기** 놀이도 했어요.

(2) 놀이터의 흙을 맨발로 **밝아** 보았어요.

 생각을 더해요 ★ ★ ★

흙 놀이를 하며 만들어 보고 싶은 것을 써 보세요.

....

....

| 생활글 | 두고 온 필통 | 월 일 |

"자, 이제 알림장을 씁시다."

선생님의 말씀에 알림장과 필통을 꺼내려고 했어요. 그런데 아무리 찾아도 필통이 보이지 않았어요. 가방 이곳저곳을 살펴보았지만 필통은 보이지 않았어요. 나는 용기 내어 짝꿍인 채원이에게 말을 걸었어요.

"채원아, 연필 좀 빌려줄래?"

"미안해. 나도 연필이 한 자루밖에 없어."

나는 당황해서 어쩔 줄 몰랐어요. 그때, 뒷자리에 앉은 지우가 나를 톡톡 두드렸어요.

"현승아, 이 연필 빌려줄까?"

"지우야, 정말 고마워!"

나는 지우를 향해 활짝 웃으며 고맙다고 인사한 뒤 서둘러 알림장을 썼어요. 급하게 서두르느라 진 땀이 주르륵 흘렀어요. 다음에는 반드시 필통을 잘 챙겨야겠다고 생각했어요.

✅ **핵심어와 만나요**　　　　#필통 #당황 #인사

빈칸에 알맞은 낱말을 쓰세요.

(1) 알림장을 써야 하는데 ＿＿＿＿＿＿ 이/가 보이지 않았어요.

(2) '나'는 ＿＿＿＿＿＿ 해서 어쩔 줄 몰랐어요.

(3) 연필을 빌려준 지우에게 고맙다고 ＿＿＿＿＿＿ 했어요.

1 이 글의 내용으로 맞으면 ○표, 틀리면 ✕표 하세요.

내용 확인

(1) 지우는 '나'의 뒷자리에 앉은 친구예요. [   ]

(2) 채원이는 연필을 많이 가지고 있었어요. [   ]

2 이 글에서 있었던 일을 순서에 맞게 기호를 쓰세요.

내용 이해

㉠ 지우가 연필을 빌려주어서 알림장을 썼어요.

㉡ '나'는 필통을 찾으려고 가방을 살펴보았어요.

㉢ '나'는 채원이에게 연필을 빌리려고 했지만, 빌리지 못했어요.

[   ] → [   ] → [   ]

3 다음 행동에 드러난 '나'의 마음을 짐작해서 선을 이으세요.

내용 추론

(1) 가방 이곳저곳을 살펴보았어요. •   • ㉠ 고마움

(2) 지우를 향해 활짝 웃었어요. •   • ㉡ 당황함

4 이 글에서 '나'의 마음 변화를 바르게 나타낸 것을 고르세요. [   ]

적용

① 기쁨 → 화남   ② 당황 → 고마움

③ 고마움 → 평화   ④ 불안 → 미안함

 글을 읽고 인물이 처한 상황을 구체적으로 파악하고, 인물의 **말이나 행동**을 통해 인물의 마음을 짐작할 수 있어요.

 누가 무슨 말이나 행동을 하는지 잘 보아야겠어요.

 인물의 경험과 비슷한 자신의 **경험**을 떠올리며 글에 나타난 표현을 살펴도 좋아요.

 저도 준비물을 가져오지 않아 당황했던 적이 있어요.

 비슷한 상황 속에서 다른 마음을 느낀 경험이 있다면 그 까닭이 무엇인지도 생각해 보세요.

1 개념 확인

괄호에 들어갈 알맞은 말을 골라 ◯표 하세요.

(1) 인물이 처한 상황을 구체적으로 파악하고, (**말이나 행동** / **생김새와 나이**)을/를 통해 인물의 마음을 짐작할 수 있어요.

(2) 인물의 경험과 비슷한 자신의 (**경험** / **설명**)을 떠올리며 글에 나타난 표현을 살펴보는 것도 좋아요.

2 개념 적용

다음 글에 나타난 인물의 마음을 고르세요.　　　　　　　[　　　]

> 오늘은 분리수거를 하는 날이에요. 부모님과 함께 한가득 쌓인 종이, 플라스틱, 빈 병들을 가지고 분리수거장으로 갔어요. 하나하나 확인하고 종류에 맞는 통에 넣었어요. 땀방울이 주룩주룩 흘렀지만 마음은 가벼웠어요. 부모님께서도 칭찬해 주셨어요. 다음에도 또 분리수거를 도울래요.

① 후회됨　　　② 뿌듯함　　　③ 고마움　　　④ 신기함

1 괄호에 들어갈 알맞은 말을 골라 ○표 하세요.
어휘

(1) 아버지께서 옷에 묻은 (때 / 떼)를 지우고 계셨어요.

(2) 들판에 새 (때 / 떼)를 쫓으려고 허수아비를 세웠어요.

2 다음 밑줄 친 낱말을 바르게 고쳐 쓰세요.
맞춤법

(1) 나도 연필이 한 자루**박에** 없어.

(2) 다음에는 **반듯이** 필통을
잘 챙겨야겠다고 생각했어요.

 생각을 더해요 ★ ★ ★

부모님의 말과 행동을 자세히 관찰하고 그때의 마음을 짐작하여 써 보세요.

★ 말과 행동

. . . .

★ 마음

. . . .

설명하는 글　세계 여러 나라의 옷

 월　 일

　사람들이 입는 옷은 모두 똑같지 않아요. 사는 곳의 기후나 환경에 따라 옷의 모양과 재료가 달라져요. 세계 여러 나라 사람들은 서로 다른 옷을 입어요.

　인도 여자들이 입는 '사리'라는 전통 옷은 바느질을 하지 않은 6미터 정도 되는 긴 천으로, 몸에 감아 입어요. 인도는 땅이 넓어 기후가 다양해요. 인도의 사막 지역에서는 강한 햇빛을 막고 바람이 잘 통하는 옷이 필요해요. 사리는 바람이 잘 통하고 편해서 더운 날씨에 입기 알맞아요. 아프리카에 있는 나라, 케냐도 얇고 긴 옷을 입어요. 케냐는 햇볕이 강하고 더운 날이 많아요. 더운 곳에서는 땀이 많이 나서 아무것도 입지 않는 것보다 얇고 긴 옷을 걸쳐 입는 것이 더 좋아요. 겨울이 아주 길고 추운 러시아에서는 따뜻한 옷을 입어야 해요. 그래서 러시아 사람들은 겨울에 털모자와 두꺼운 외투를 입어요.

　이처럼 옷은 각 나라의 문화와 생활을 보여 줘요.

✅ 핵심어와 만나요　　#기후 #전통 #문화

빈칸에 알맞은 낱말을 쓰세요.

(1) 세계 여러 나라 사람들은 [　　　　　] 나 환경에 따라 다른 옷을 입어요.

(2) 인도에서는 '사리'라는 이름을 가진 [　　　　　] 옷을 입어요.

(3) 옷은 각 나라의 [　　　　　] 와/과 생활을 보여 줘요.

1
내용 확인

이 글의 내용으로 맞으면 ○표, 틀리면 ✕표 하세요.

(1) 케냐는 햇볕이 강하고 더운 날이 많아요. [   ]

(2) 러시아에서는 강한 햇빛을 막고 바람이 잘 통하는 옷을 입어요. [   ]

2
내용 이해

이 글에서 설명하는 대상이 무엇인지 빈칸에 쓰세요.

세계 여러 [ ][ ]의 [ ]

3
내용 추론

인도에서 '사리'라는 전통 옷을 입는 까닭을 고르세요. [   ]

① 옷이 가격이 저렴해서

② 옷이 모양이 아름다워서

③ 바람이 잘 통하고 편해서

④ 따뜻하게 몸을 감싸 주어서

4
적용

이 글의 중요한 내용을 정리한 다음 문장에서 빈칸에 들어갈 알맞은 말을 쓰세요.

세계 여러 나라의 옷

[   ]에서는 '사리'라는 이름의 전통 옷을 입어요.

케냐에서는 [   ]을/를 입어 더위를 피해요.

추운 러시아에서는 [   ] 옷을 입어요.

 글을 읽고 중요한 내용을 찾을 수 있어요.

 어떻게 하면 중요한 내용을 쉽게 찾을 수 있어요?

 제목을 먼저 살펴보면 좋아요. 글에서 많이 나오는 낱말과 **제목**과의 관련성도 생각해 보세요.

 제목과 관련해서 어떤 내용이 나올지 짐작해 보아야겠어요.

 글쓴이가 글을 쓴 **까닭**이나 글을 통해 알려 주고 싶은 것이 무엇인지 정리하면 쉽게 중요한 내용을 찾을 수 있어요.

1 개념 확인

괄호에 들어갈 알맞은 말을 골라 ○표 하세요.

(1) 글을 읽고 중요한 내용을 찾으려면 글에서 많이 나오는 낱말과 (제목 / 글쓴이)와/과의 관련성을 생각해요.

(2) 글쓴이가 글을 쓴 (시간 / 까닭)이나 글을 통해 알려 주고 싶은 것이 무엇인지 정리해 보세요.

2 개념 적용

다음 글을 읽고, 빈칸에 알맞은 말을 써서 제목을 완성하세요.

> 줄넘기는 우리 몸을 튼튼하게 해 주고 키 크는 데에도 도움이 돼요. 처음부터 무리하지 않고, 조금씩 횟수를 늘려요. 매일매일 꾸준히 연습하는 것이 중요해요. 친구와 함께 둘이 함께 넘기, 긴 줄 넘기처럼 놀이 형식으로 연습해도 좋아요.

[　　　　] 을/를 잘하는 법

1
어휘

빈칸에 들어갈 알맞은 낱말을 〈보기〉에서 찾아 쓰세요.

〈보기〉　재료　모양

(1) 상자로 둥근기둥 ＿＿＿＿＿＿＿ 을/를 만들었어요.

(2) 만들기 ＿＿＿＿＿＿＿ (으)로 빈 상자, 요구르트 통, 색종이를 준비했어요.

2
맞춤법

다음 밑줄 친 낱말을 바르게 고쳐 쓰세요.

(1) 인도는 땅이 **널버** 기후가 다양해요.

(2) 더운 곳에서는 **압꼬** 긴 옷을 걸쳐 입는 것이 좋아요.

생각을 더해요 ★ ★ ★

자신이 입어 보고 싶은 세계 여러 나라의 옷은 무엇인지 써 보세요.

예) 베트남에 가서 아오자이를 입어 보고 싶어요.

....

....

생활글	가족회의	 월	일

　여름 방학에 하윤이네 가족은 여행을 가기로 했어요. 그런데 각자 가고 싶은 곳이 달랐어요. 그래서 가족회의에서 여행 장소를 정하기로 했어요.

　엄마는 제주도에 가서 바다를 보고 싶다고 하셨어요.

　"제주도는 자연이 아름답고, 맛있는 음식도 많잖아."

　자연 속에서 걷는 걸 좋아하는 아빠는 강원도 설악산에 가자고 하셨어요.

　"등산도 하고, 맑은 공기도 마시자고."

　하지만 하윤이는 생각이 달랐어요.

　"저는 놀이공원에 가고 싶어요. 놀이 기구도 타고, 사진도 찍고 싶어요."

　이렇게 서로의 이야기를 듣다 보니 모두 가 볼 만한 곳이라는 생각이 들었어요. 그래서 이번 여름 방학에는 제주도에 가기로 결정했어요. 다음 방학에는 설악산, 놀이공원을 차례로 가기로 했지요. 모두 만족할 수 있는 멋진 계획이 된 것 같아서 기뻐했어요.

✅ **핵심어와 만나요**　　　　　　　　　#회의 #결정 #계획

빈칸에 알맞은 낱말을 쓰세요.

(1) 하윤이네 가족은 가족 　　　　　　　에서 여행 장소를 정하기로 했어요.

(2) 이야기를 나눈 결과, 이번 여름 방학에는 제주도에 가기로 　　　　　　　했어요.

(3) 모두 만족할 수 있는 멋진 　　　　　　　이/가 된 것 같아서 모두 기뻐했어요.

1 이 글의 내용으로 맞으면 ○표, 틀리면 ✕표 하세요.

내용 확인

(1) 하윤이 아빠는 가족과 함께 바다에 가고 싶어 해요.   [   ]

(2) 하윤이네 가족은 이번 여름 방학에는 제주도에 가기로 했어요.   [   ]

2 하윤이네 가족이 가고 싶어 하는 여행 장소에 맞게 선을 이으세요.

내용 이해

(1) 엄마   •   • ㉠ 설악산

(2) 아빠   •   • ㉡ 제주도

(3) 하윤이   •   • ㉢ 놀이공원

3 하윤이네 가족이 가족회의를 한 까닭을 고르세요.   [   ]

내용 추론

① 각자 가고 싶은 여행지가 달라서

② 각자 여행 가고 싶은 시기가 달라서

③ 각자 여행 가고 싶은 계절이 달라서

④ 각자 여행지로 가고 싶은 방법이 달라서

4 빈칸에 알맞은 말을 넣어 하윤이가 원하는 여행지에 가고 싶은 까닭을 쓰세요.

적용

| | | | | | 도 타고, | | 도 찍고 싶어서 |

 글 속에는 다양한 **인물**들이 등장해요. 그 인물들은 다양한 생각을 하고 있지요.

 글 속 인물들이 하는 생각은 어떻게 알 수 있나요?

 인물의 생각은 각 인물이 하는 **말**에서 찾을 수 있어요. 그리고 인물의 생각을 찾을 때는 그 까닭도 함께 찾아요.

 글 속에 여러 명의 인물이 나오면 어떡해요?

 글 속에 나오는 인물들 각각의 생각과 그 까닭을 정리해 보세요.

1
개념 확인

괄호에 들어갈 알맞은 말을 골라 ○표 하세요.

(1) 글 속에는 다양한 (인물 / 동물)이 등장하고, 각각 다양한 생각을 하고 있어요.

(2) 인물의 생각을 알려면 인물이 하는 (질문 / 말)을 잘 보아야 해요.

2
개념 적용

다음 글을 읽고 쥐돌이의 생각은 무엇인지 쓰세요.

> 어느 날, 마을에 고양이 한 마리가 나타나 날마다 쥐를 잡아갔어요. 마을 쥐들이 모여 어떻게 하면 좋을지 골똘히 궁리했어요. 쥐돌이가 이야기했어요.
> "고양이 목에 방울을 달면 소리를 듣고 도망갈 수 있어요."

1 빈칸에 들어갈 알맞은 낱말을 〈보기〉에서 찾아 쓰세요

어휘

〈보기〉　넓다　묶었다　읽었다

(1) 머리를 한쪽으로 _____.

(2) 나는 아침에 책을 _____.

(3) 내 자리가 동생 자리보다 _____.

2 다음 밑줄 친 낱말을 바르게 고쳐 쓰세요.

맞춤법

(1) 제주도는 맛있는 음식도 **만잔아**.

(2) **이러케** 서로의 이야기를 듣다 보니 모두 가고 싶었어요.

 생각을 더해요 ★ ★ ★

여름 방학에 가족과 여행을 가고 싶은 곳과 그 까닭을 써 보세요.

예) 워터파크 여행을 가고 싶어요. 왜냐하면 신나게 물놀이를 하고 싶기 때문이에요.

※ **다음 글을 읽고 물음에 답하세요. (1~2)**

| 20○○년 ○○월 ○○일 ○요일 | 날씨: 바람이 솔솔 부는 날 |

이어달리기 대표 뽑기

오늘 체육 시간에 달리기를 했다. 선생님께서 운동회에 나갈 우리 반 이어달리기 대표를 뽑는다고 하셨다. ㉠나는 가슴이 두근거렸다. 꼭 우리 반 대표가 되고 싶었기 때문이다. 첫 번째 달리기에서는 내가 1등을 했다. ㉡하늘을 나는 것처럼 기분이 좋았다. ㉢두 번째로 각 모둠의 1등들이 모여서 달렸다. 나는 최선을 다해서 달렸다. 하지만 안타깝게도 2등으로 들어왔다. 우리 반 달리기 대표가 되지는 못했지만, 최선을 다했기에 후회는 없다. 내년에는 꼭 이어달리기 대표가 되고 싶다.

1 이 글에서 '나'가 겪은 일을 고르세요. [　　　]

① 이어달리기 반 대표로 뽑혔어요.

② 첫 번째 달리기에서 2등을 했어요.

③ 이어달리기 연습을 하다가 넘어졌어요.

④ 이어달리기 대표를 뽑는 달리기를 했어요.

2 이 글의 ㉠~㉢에서 '나' 생각과 느낌이 아닌 것을 찾아 기호를 쓰세요.

※ 다음 글을 읽고 물음에 답하세요. (3~5)

> 햇살이 맑은 날, 가족과 함께 놀이공원에 놀러 갔어요. ㉠오빠는 롤러코스터를 향해 얼른 달려갔어요. 나는 보기만 해도 다리가 후들후들하고 심장이 쿵쾅쿵쾅 뛰는 것 같았어요. 하지만 얼마나 재미있을지 궁금하고 기대도 되었어요. ㉡많은 사람들이 롤러코스터를 타기 위해 기다리고 있었어요. 줄이 줄어들수록 가슴이 더 뛰는 것 같았어요. 드디어 우리 차례가 되었어요. 우리는 자리에 앉아 안전장치를 확인했어요. 나는 안전장치를 손으로 꼭 잡았어요. 하나, 둘, 셋! 드디어 출발! 시간이 순식간에 흘러가 버렸어요. 심장이 여전히 쿵쾅쿵쾅 뛰었어요. 하지만 내가 무사히 해냈다는 뿌듯함에 함박웃음이 새어 나왔어요.

3 이 글에 나타난 '나'의 마음 변화를 고르세요.   [   ]

① 당황 → 고마움

② 불안 → 미안함

③ 긴장됨 → 뿌듯함

④ 걱정됨 → 무서움

4 ㉠에서 짐작할 수 있는 오빠의 마음은 무엇인지 고르세요.   [   ]

① 걱정됨   ② 기대됨   ③ 고마움   ④ 실망함

5 ㉡의 낱말을 바르게 읽은 것을 고르세요.   [   ]

① 만흔   ② 마는   ③ 많은   ④ 만은

음식을 먹고 생기는 질병, 식중독

식중독이란 음식을 먹고 생기는 질병이에요. 식중독에 걸리면 설사, 복통, 두통, 발열, 두드러기, 구토 같은 증상이 나타나요. 식중독 증상은 다른 질병의 증상과 매우 비슷해서 함부로 판단하면 안 돼요. 주변 어른에게 알려서 빠른 시간 내에 병원에서 진료받아야 해요. 그리고 충분히 물을 마셔서 탈수 증상을 예방해요.

식중독에 걸리지 않으려면 예방 3대 원칙을 잘 지켜야 해요. 요리를 하거나 음식을 먹기 전에 손을 흐르는 물에 비누로 깨끗이 씻어요. 음식은 속까지 익혀 먹고, 물은 끓여 먹어요. 식중독 예방 수칙을 잘 지켜서 건강하게 생활할 수 있도록 노력해요.

6 이 글에서 설명하는 대상이 무엇인지 빈칸에 쓰세요.

의 증상과 예방법

7 이 글에 나온 식중독에 대한 설명으로 맞으면 ○표, 틀리면 ✕표 하세요.

(1) 식중독에 걸리면 기침, 가래가 생겨요.   [   ]

(2) 식중독은 음식을 먹고 생기는 질병이에요.   [   ]

8 식중독을 예방하는 방법으로 바르지 않은 것을 고르세요.   [   ]

① 손 씻기   ② 병원 가기   ③ 물 끓여 먹기   ④ 음식물 익혀 먹기

어느 날 쥐들이 모여 사는 마을에 고양이 한 마리가 나타났어요. 쥐들은 고양이 때문에 밖에 마음껏 나갈 수가 없었어요 쥐들이 모여 회의를 했어요.

"마을 입구를 돌로 막아 두어요. 그럼 고양이가 우리 마을로 들어올 수 없잖아요?"

첫 번째 쥐의 말에 이어, 두 번째 쥐가 이야기했어요.

"그럼 우리도 밖으로 나갈 수가 없어요. 고양이가 없는 곳으로 이사를 가요."

세 번째 쥐가 이야기했어요.

"이사를 가는 것은 너무 힘들어요. 고양이 목에 방울을 달아요. 고양이가 가까이 오면 방울 소리를 듣고 알 수 있을 거예요."

9 이 글에서 쥐들의 생각으로 알맞은 것을 찾아 선을 이으세요.

(1) 첫 번째 쥐 •

(2) 두 번째 쥐 •

(3) 세 번째 쥐 •

• ㉠ 고양이 목에 방울을 달자.

• ㉡ 마을 입구를 돌로 막아 두자.

• ㉢ 고양이가 없는 곳으로 이사를 가자.

10 이 글에서 쥐들이 모여 회의한 까닭은 무엇인지 고르세요. [   ]

① 고양이와 사이좋게 지내고 싶어서

② 고양이와 함께 살 집을 마련하고 싶어서

③ 고양이 때문에 밖에 마음껏 나갈 수가 없어서

④ 어느 마을로 이사를 갈지 정해야 하기 때문에

※ 다음 〈보기〉를 참고해서 가로세로 낱말 퍼즐을 완성하세요.

1				2	
3				4	
			5		
		6			
7					

〈보기〉 공공기관   구경   경기   인사   정리   농사   결정

세로열쇠	가로열쇠
1 흥미나 관심을 가지고 봄.	3 일정한 규칙 아래 재능과 기술을 겨룸. 또는 그런 일.
2 행동이나 태도를 분명하게 정함. 또는 그렇게 정해진 내용.	4 흐트러지거나 혼란스러운 상태에 있는 것을 한데 모으거나 치워서 질서 있는 상태가 되게 함.
5 입은 은혜를 갚거나 고마움을 표현할 일에 대하여 예의를 차림. 또는 그런 말이나 행동.	6 곡류, 과채류 따위의 씨나 모종을 심어 기르고 거두는 따위의 일.
	7 국가의 감독 아래 일반 사회의 여러 사람과 관계 있는 일들을 처리하는 기관.

마음이 굴뚝 같다

'마음이 굴뚝 같다.'라는 표현을 들어 보았나요?

마음이 어떻게 굴뚝 같은 건지 궁금하지 않나요?

굴뚝은 불을 땔 때 연기가 밖으로 빠져나가도록 만든 구조물이에요.

'마음이 굴뚝 같다.'라는 말은 굴뚝이 연기를 쑥쑥 뿜어내는 것처럼 마음속에서 하고 싶은 생각이 쑥쑥 올라오는 모습을 비유한 표현이에요.

어떤 일을 정말 하고 싶다는 마음이 크다는 뜻이지요.

예를 들어 볼까요?

"오늘은 놀이터에 가고 싶은 마음이 굴뚝 같아."

이 말은 오늘은 정말 놀이터에 가서 놀고 싶다는 뜻이에요.

여러분은 어떤 마음이 굴뚝 같나요?

여러분이 간절히 하고 싶은 것을 떠올려 보세요.

깜짝 퀴즈

자신이 하고 싶은 것을 '마음이 굴뚝 같다는' 표현을 넣어 문장으로 써 볼까요?

_____

_____

_____

4단원

	제목	글의 종류	학습 목표
19일차	무지개 물고기	동화	고운 말로 생각과 마음을 나눌 수 있어요.
20일차	의좋은 형제	전래동화	이야기를 감상하고 생각이나 느낌을 표현해요.
21일차	봄	동시	시를 읽고 장면을 상상할 수 있어요.
22일차	겨울잠을 자는 동물들	설명하는 글	글을 읽고 내용을 간추릴 수 있어요.
23일차	제기차기	설명하는 글	사물을 설명하는 글을 읽고 쓸 수 있어요.
24일차	단원 평가 4		

| 동화 | 무지개 물고기 | 월  일 |

　　저 멀리, 깊고 푸른 바다에 물고기 한 마리가 살고 있었대. 그 물고기는 보통 물고기가 아니라 온 바다에서 가장 아름다운 물고기였지. 파랑, 초록, 자줏빛 비늘 사이사이에 반짝반짝 빛나는 은비늘이 박혀 있었거든.

　　다른 물고기들도 그 물고기의 아름다움에 경탄했지. 물고기들은 그 물고기를 무지개 물고기라고 불렀어. 물고기들은 무지개 물고기를 불러냈어. "얘, 무지개 물고기야. 이리 와서 우리랑 같이 놀자!" 하지만 무지개 물고기는 대꾸도 없이 젠체하며 휙 지나가 버릴 뿐이었지. 비늘을 반짝이면서 말이야.

　　어느 날, 파란 꼬마 물고기 한 마리가 무지개 물고기를 뒤따라왔어. 파란 꼬마 물고기는 무지개 물고기를 불러 세웠지. "무지개 물고기야, 잠깐만 기다려 봐! 네 반짝이 비늘 한 개만 줄래? 네 반짝이 비늘은 정말 멋지구나. 너한텐 굉장히 많잖아."

　　무지개 물고기는 버럭 소리를 질렀어. "내가 가장 아끼는 건데 널 달라고? 네가 뭔데 그래? 저리 비켜!"

마르쿠스 피스터, 《무지개 물고기》, 시공주니어

 핵심어와 만나요　　　　　　　　　　　　　**#은비늘 #무지개 #대꾸**

빈칸에 알맞은 낱말을 쓰세요.

(1) 빛나는 □□□□□ 이/가 박혀 있는 물고기가 있었어요.

(2) 물고기들은 그 물고기를 □□□□□ 물고기라고 불렀어요.

(3) 무지개 물고기는 친구들의 말에 □□□□□ 도 없이 지나가 버렸어요.

96

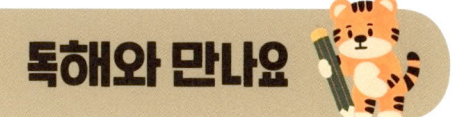

1

내용 확인

이 글의 내용으로 맞으면 ○표, 틀리면 ✕표 하세요.

(1) 무지개 물고기는 반짝이는 은비늘이 박혀 있었어요.　　　　　[　　　]

(2) 무지개 물고기는 파란 꼬마 물고기에게 비늘을 나누어 주었어요.　　[　　　]

2

내용 이해

다음 문장에서 빈칸에 들어갈 알맞은 낱말을 쓰세요.

다른 물고기들이 은비늘이 박힌 물고기를 무지개 물고기라고 부르는 까닭은

그 물고기의 [　|　|　|　] 모습 때문이에요.

3

내용 추론

이 글에서 밑줄 친 말을 들은 파란 꼬마 물고기의 마음을 짐작해서 고르세요.　[　　　]

① 놀람

② 지루함

③ 즐거움

④ 외로움

4

적용

이 글에서 밑줄 친 무지개 물고기의 말을 고운 말로 바꿔 말풍선에 쓰세요.

_____

_____

나한테
한 개만 줄래?

 듣는 사람의 **마음**을 생각해서 고운 말로 대화해요.

 고운 말로 대화하면 기분이 좋아요.

 자신이 들었던 고운 말을 떠올려 보세요.

 '정말 대단해', '넌 할 수 있어', '도와줘서 고마워' 같은 **고운 말**이 있어요.

 고운 말을 써서 친구들과 대화해 보세요.

1

개념 확인

빈칸에 들어갈 알맞은 말을 골라 ○표 하세요.

(1) 대화를 할 때 듣는 사람의 (마음 / 사는 곳)을 생각해야 해요.

(2) '정말 대단해', '넌 할 수 있어', '도와줘서 고마워' 같은 (인사말 / 고운 말)이 있어요.

2

개념 적용

다음 상황에 어울리는 고운 말을 써 보세요.

> 짝꿍이 책 여러 권을 혼자서 들고 복도를 걷고 있었어요. 책이 무거워서 짝꿍이 힘들어 보였지요. 나는 짝꿍에게 말했어요.
>
> "
> _____
>
> _____ ."

1 어휘

다음 낱말의 알맞은 발음에 ○표 하세요.

(1) 박혀 — [바켜] / [박혀]

(2) 물고기 — [물코기] / [물꼬기]

2 맞춤법

밑줄 친 낱말을 바르게 고쳐 쓰세요.

(1) 무지개 물고기가 **벌헉** 소리를 질렀습니다.

(2) 반짝반짝 **빗나는** 은비늘이 박혀 있었거든.

생각을 더해요 ★ ★ ★

누구에게 어떤 고운 말을 전하고 싶은지 생각해서 써 보세요.

★ 전하고 싶은 사람

· ·

★ 전하고 싶은 고운 말

· ·

전래동화 | **의좋은 형제**　월　일

옛날 어느 마을에 마음씨 착한 형과 동생이 살고 있었어요. 형제는 힘을 합쳐 열심히 농사를 지어 많은 벼를 수확했어요. 형제는 곡식을 똑같이 나누어 가졌어요. 형은 곳간에 가득 찬 볏단을 보며 생각했어요.

'동생은 앞으로 결혼도 할 텐데, 가족이 생기면 곡식이 더 많이 필요하겠지.'

형은 조용히 볏단을 챙겨 동생 곳간에 가져다 두었어요.

한편, 동생도 같은 생각을 하고 있었어요.

'형은 가족이 있으니 나보다 곡식이 더 많이 필요할 거야.'

동생도 몰래 자기 볏단을 형의 곳간으로 옮겼어요.

이튿날 아침, 형제는 자신의 곳간을 보고 깜짝 놀랐어요. 곳간의 볏단이 그대로였던 거예요.

"아니, 이게 다 뭐야? 왜 볏단이 그대로지?"

"말도 안 돼! 볏단이 그대로 있다니!"

그날 밤, 형과 동생은 다시 볏단을 지고 집을 나섰어요. 그러다가 길에서 서로 마주치고 깜짝 놀랐어요.

✅ **핵심어와 만나요**　#농사 #볏단 #곳간

빈칸에 알맞은 낱말을 쓰세요.

(1) 형과 동생은 힘을 합쳐 열심히 [　　　　] 을/를 지었어요.

(2) 형제는 서로에게 몰래 [　　　　] 을/를 더 가져다 두었어요.

(3) 이튿날 아침, 자신의 [　　　　] 을/를 본 형제는 깜짝 놀랐어요.

1 이 글의 내용으로 맞으면 ○표, 틀리면 ✕표 하세요.

내용 확인

(1) 형제는 곡식을 거두어 똑같이 나누어 가졌어요. [   ]

(2) 동생은 형보다 많은 곡식을 가지게 되어서 기뻤어요. [   ]

2 이 글의 밑줄 친 부분에 나타난 인물의 마음을 고르세요. [   ]

내용 이해

① 화남   ② 놀라움   ③ 즐거움   ④ 실망

3 이 글에서 얻을 수 있는 교훈을 고르세요. [   ]

내용 추론

① 부모님께 효도하자.

② 곡식을 열심히 모으자.

③ 자신의 일을 열심히 하자.

④ 형제끼리 사이좋게 지내자.

4 이 글을 읽고 생각이나 느낌을 바르게 표현하지 못한 사람은 누구인지 쓰세요.

적용

재이   서로를 배려하는 형제의 마음이 아름다워. 나도 동생과 서로 배려하며
       지내야겠어.

수빈   농사일을 하는 건 정말 힘이 드는 것 같아. 앞으로는 음식을 남기지 않고
       먹어야겠어.

은서   형과 동생은 볏단이 줄지 않은 이유를 알고 깜짝 놀랐어. 하지만 기분은
       좋았을 것 같아.

 이야기를 읽고 자신의 생각이나 느낌을 표현할 수 있어요. 친구들과 서로 다른 생각과 느낌을 비교해 보세요.

 어떻게 해야 할지 잘 모르겠어요.

 인물의 **말이나 행동**을 떠올리고, 어떤 느낌이 들었는지 말해 보세요.

 이야기 속 인물의 말이나 행동을 자세히 관찰해 볼게요.

 그리고 기억에 남는 장면과 그 까닭이 무엇인지 생각해 보세요. 비슷한 **경험**을 한 적이 있는지, 인물에게 하고 싶은 말이 있는지 떠올려 보는 것도 좋아요.

1 개념 확인

괄호에 들어갈 알맞은 말을 골라 ○표 하세요.

(1) 이야기를 읽고 자신의 생각이나 느낌을 표현할 때 인물의 (말이나 행동 / 생김새와 직업)을 떠올려 보세요.

(2) 이야기를 읽고 비슷한 (경험 / 독서)을/를 한 적이 있는지 떠올려 보세요.

2 개념 적용

서로 볏단을 지고 가다가 마주친 형제가 어떤 말을 했을지 말풍선에 들어갈 말을 상상해서 쓰세요.

1
어휘

다음 낱말의 뜻을 생각하며 〈보기〉처럼 짧은 글을 쓰세요.

> 배려 : 도와주거나 보살펴 주려고 마음을 씀.

〈보기〉 나는 동생이 먼저 나갈 수 있도록 배려해 주었어요.

2
맞춤법

다음 밑줄 친 낱말을 바르게 고쳐 쓰세요.

(1) 그 결과 많은 벼를 **수학**했지요.

(2) 형제는 곡식을 거두어 **똑가치** 나누어 가졌어요.

 생각을 더해요 ★ ★ ★

자신이 읽은 이야기에서 기억에 남는 장면을 써 보세요.

★ 이야기 제목

. . . .

★ 기억에 남는 장면

. . . .

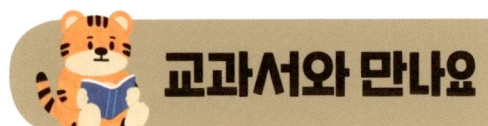

| 동시 | 봄 | 월 일 |

윤동주

우리 아기는
아래 발치에서 코올코올

고양이는
부뚜막에서 가릉가릉

아기 바람이
나뭇가지에서 소올소올

아저씨 해님이
하늘 한가운데서 째앵째앵

 핵심어와 만나요   #발치 #부뚜막 #한가운데

빈칸에 알맞은 낱말을 쓰세요.

(1) 아기는 아래 _____ 에서 잠을 자고 있어요.

(2) 고양이가 _____ 에서 잠을 자고 있어요.

(3) 해님이 하늘 _____ 떠 있어요.

1 이 글의 내용으로 맞으면 ○표, 틀리면 ✕표 하세요.
내용 확인

(1) 해가 쨍쨍한 날씨예요.   [   ]

(2) 아기는 신나게 놀고 있어요.   [   ]

2 이 시에서 바람이 부드럽게 부는 모양을 나타낸 말을 고르세요.   [   ]
내용 이해

① 코올코올   ② 가릉가릉   ③ 소올소올   ④ 째앵째앵

3 시를 읽고 떠오른 장면을 바르게 말한 사람을 찾아 ○표 하세요.
내용 추론

(1) 아기가 엄마 다리를 베고 누워서 자고 있는 장면이 떠올라요.

(2) 먹구름 낀 하늘과 세차게 비바람이 불고 있는 장면이 떠올라요.

4 시를 읽고 어떤 방법으로 장면을 상상했는지 알맞은 것끼리 선을 이으세요.
적용

(1) 나도 엄마의 다리를 베고 잠든 기억이 떠올랐어.

ㄱ 내용을 떠올리며 장면 상상하기

(2) '코올코올'이라는 표현을 보고 아기가 조용히 자는 장면을 상상했어.

ㄴ 인상 깊은 표현을 생각하며 장면 상상하기

(3) 맑고 화창한 바람이 솔솔 부는 날을 상상했어.

ㄷ 자신의 경험과 비교하며 장면 상상하기

 시의 느낌이나 분위기를 살려 노래하듯이 시를 소리 내어 읽는 것을 **낭송**이라고 해요. 시의 장면을 떠올리며 시를 낭송해 보세요.

 시 낭송을 잘하고 싶어요.

 시 내용을 생각하거나 시에서 재미있는 **표현**을 찾아보세요. 자신의 경험을 떠올리며 시의 장면을 상상해도 좋아요.

 장면을 상상하며 시 낭송을 잘할 수 있을 것 같아요.

 서로 번갈아 가며 낭송하거나 흉내 내는 말을 함께 낭송할 수도 있어요.

1 개념 확인

빈칸에 들어갈 알맞은 말을 골라 ○표 하세요.

(1) 시의 느낌이나 분위기를 살려 노래하듯이 시를 소리 내어 읽는 것을 (발표 / 낭송)(이)라고 해요.

(2) 시에서 재미있는 (표현 / 말투)을/를 찾아보세요.

2 개념 적용

다음 시에서 밑줄 친 흉내 내는 말을 가족과 함께 낭송해 보세요.

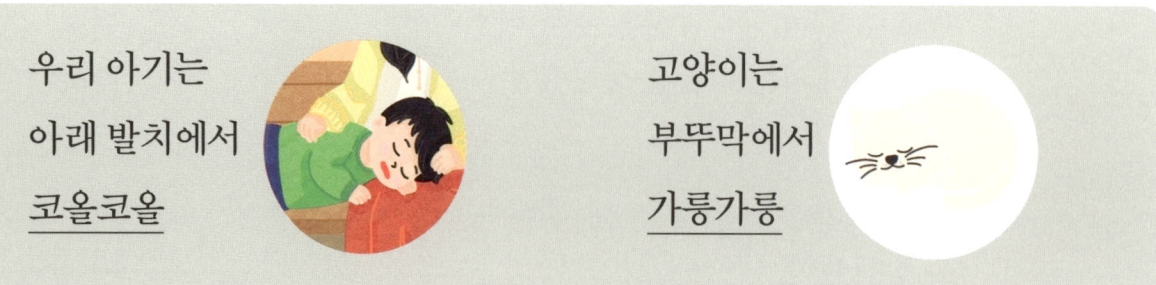

우리 아기는
아래 발치에서
<u>코올코올</u>

고양이는
부뚜막에서
<u>가릉가릉</u>

1 다음 문장에서 소리나 모양을 흉내 내는 말을 찾아 ○표 하세요.

어휘

(1) 동생이 낮잠을 쿨쿨 자고 있어요.

(2) 맛있는 자장면을 호로록 먹었어요.

(3) 접시가 쨍그랑 깨지는 소리를 듣고 놀랐어요.

2 다음에서 맞춤법에 맞게 표기된 낱말을 찾아 ○표 하세요.

맞춤법

(1) 나무가지 ☐ 　　나뭇가지 ☐

(2) 해님 ☐ 　　햇님 ☐

(3) 노랫말 ☐ 　　노래말 ☐

🔴 **생각을 더해요 ★ ★ ★**

자신이 좋아하는 노래 가사를 생각하며 떠오르는 장면을 써 보세요.

★ 노래 제목

....

★ 떠오르는 장면

....

설명하는 글 　겨울잠을 자는 동물들

 월　 일

　겨울이 되면 겨울잠을 자는 동물들이 있어요. 스스로 체온을 조절할 수 없거나 날씨가 춥고 먹을 것을 구하기 어려워 에너지를 아끼려고 잠을 자는 거예요.

　곰은 겨울이 되면 동굴이나 나무 밑에 굴을 파고 들어가서 겨울잠을 자요. 겨울잠을 자는 동안에도 중간중간 일어나서 똥오줌을 누거나 먹이를 먹어요. 아주 깊게 잠들진 않아서 위험하면 깨어날 수도 있어요. 다람쥐도 겨울잠을 자면서 중간에 깨어 먹을 것을 먹기도 해요. 그래서 가을에 도토리 같은 먹이를 모아 두는 거예요. 개구리는 몸의 기능을 정지한 상태에서 겨울잠을 자요. 개구리는 겨울잠을 자는 동안 숨을 거의 쉬지 않고, 피부로 산소를 조금씩 받아들이며 살아가요. 뱀은 온도 변화가 적은 땅 속에서 겨울잠을 자요. 여러 마리가 함께 모여 잠을 자기도 해요. 모여서 자면 더 따뜻하기 때문이에요.

　이렇게 동물들은 자신만의 방법으로 추운 겨울을 견뎌요. 겨울잠은 동물들이 겨울을 잘 보내는 지혜로운 방법이에요.

✅ **핵심어와 만나요**　　　　　　　　　　　#체온 #정지 #겨울잠

빈칸에 알맞은 낱말을 쓰세요.

(1) 스스로 ⬚⬚⬚⬚⬚⬚ 을/를 조절할 수 없는 동물들은 겨울이 되면 겨울잠을 자요.

(2) 개구리처럼 몸의 기능을 ⬚⬚⬚⬚⬚⬚ 한 상태에서 겨울잠을 자는 동물도 있어요.

(3) ⬚⬚⬚⬚⬚⬚ 은/는 동물들이 겨울을 잘 보내기 위한 지혜로운 방법이에요.

1 이 글의 내용으로 맞으면 ○표, 틀리면 ✕표 하세요.
내용 확인

(1) 다람쥐는 깨지 않고 겨울잠을 자요.   [   ]

(2) 겨울이 되면 겨울잠을 자는 동물들이 있어요.   [   ]

2 다음 동물이 겨울잠을 자는 특징을 찾아 선을 이으세요.
내용 이해

㉠ 여러 마리가 함께 모여 잠을 자기도 해요.

㉡ 중간중간 일어나서 똥오줌을 누거나 먹이를 먹어요.

3 이 글의 제목을 보고 내용을 바르게 짐작한 사람은 누구인지 쓰세요.
내용 추론

주원   어떤 동물들이 겨울잠을 자는지 알려 줄 것 같아.

승우   동물마다 다른 잠자는 자세에 대해 알려 줄 것 같아.

4 빈칸에 들어갈 알맞은 낱말을 〈보기〉에서 골라 쓰세요.
적용

〈보기〉   겨울잠   땅속   곰   개구리

겨울에 동물들은 에너지를 아끼기 위해 [   ]을/를 자요. [   ]와/

과 다람쥐는 겨울잠을 자는 중간에 깨기도 해요. [   ]은/는 몸의 기능이 정

지된 상태로 겨울잠을 자고, 뱀은 온도 변화가 적은 [   ]에서 잠을 자요.

 글쓴이가 무엇을 이야기하려는지 미리 생각해 보려면 무엇을 봐야 한다고 했나요?

 글의 제목이요!

 네, **제목**을 보면 무슨 내용의 글인지 짐작할 수 있어요.

 또 글에서 무엇을 살펴봐야 하나요?

 글에서 중요하다고 생각하는 **문장**을 찾아 밑줄을 긋고, 글쓴이가 하고 싶은 말과 그렇게 말한 까닭을 생각해 보세요.

1 괄호에 들어갈 알맞은 말을 골라 〇표 하세요.

개념 확인

(1) 글의 (제목 / 글쓴이)을/를 보며 내용을 짐작할 수 있어요.

(2) 중요하다고 생각하는 (문장 / 글씨)을/를 찾아 밑줄을 긋고, 글쓴이가 하고 싶은 말과 그렇게 말한 까닭을 생각해 보세요.

2 다음 글에서 가장 중요하다고 생각하는 문장에 밑줄을 그으세요.

개념 적용

> 도서관에서는 조용히 하고 규칙을 잘 지켜야 해요. 도서관에서 큰 소리로 말하거나 뛰어다니면 다른 사람들이 집중할 수 없어서 불편해요. 도서관에서 음식을 먹으면 다른 사람들에게 피해를 줘요.

1
어휘

다음 낱말의 반대말을 찾아 선을 이으세요.

(1) 깨다 •

(2) 춥다 •

(3) 낮아지다 •

• ㄱ 자다

• ㄴ 높아지다

• ㄷ 덥다

2
맞춤법

다음 밑줄 친 낱말을 바르게 고쳐 쓰세요.

(1) 가을에 도토리 **가튼** 먹이를 모아 두는 거예요.

(2) 피부로 산소를 조금씩 **받아드리며**
살아가요.

🔴 **생각을 더해요 ★ ★ ★**

따뜻한 겨울을 보내는 자신만의 방법을 소개하는 글을 써 보세요.

예) 귤을 먹으면서 재미있는 책을 잔뜩 쌓아 두고 읽어요.

· ·

· ·

설명하는 글 | 제기차기

 월 일

　제기차기는 일상에서 쉽게 할 수 있는 전통놀이예요. 혼자 또는 여럿이 놀이할 수 있어요. 제기는 구멍 뚫린 엽전이나 동전을 비단이나 한지로 접어 싼 다음, 양 끝을 구멍에 꿰고 한지의 끝을 여러 갈래로 찢어 술을 너풀거리게 만든 놀이 도구예요.

　제기를 찰 때는 다른 사람이랑 부딪치지 않도록 공간을 충분히 확보해요. 한쪽 다리를 아래로 굽히고 반대쪽 다리를 살짝 들어 올리면서, 제기를 끝까지 바라보며 몸의 중심을 잘 잡고 차면 돼요.

　다양한 방법으로 제기차기를 할 수 있어요. 한 번 차고 땅을 딛고, 또 차고 땅을 딛는 방법은 '땅강아지(맨제기)'라고 해요. 두 발을 번갈아 가며 차는 방법은 '어기차기(양발차기)', 땅을 딛지 않고 계속 차는 방법은 '헐랭이(발 들고 차기)'라고 해요.

　제기차기는 한 명씩 승부를 겨룰 수도 있고, 2~4명이 한편을 이루어서 승부를 겨룰 수도 있어요. 제기차기 규칙을 지키면 더 재미있게 놀이할 수 있어요.

✅ **핵심어와 만나요**　　　　　#놀이 #도구 #규칙

빈칸에 알맞은 낱말을 쓰세요.

(1) 제기차기는 일상에서 쉽게 할 수 있는 전통 ⬚ 중 하나예요.

(2) 제기라는 ⬚ 을/를 이용하여 혼자, 또는 여럿이 놀 수 있어요.

(3) 제기차기 ⬚ 을/를 지키면 더 재미있게 놀이할 수 있어요.

1 이 글의 내용으로 맞으면 ○표, 틀리면 ✕표 하세요.
내용 확인

(1) 제기차기는 혼자만 할 수 있는 놀이예요.　　　　　　　　　　[　　　]

(2) 제기차기를 할 때 몸의 중심을 잘 잡아야 해요.　　　　　　　　[　　　]

2 다음 제기차기 방법에 어울리는 설명을 찾아 선을 이으세요.
내용 이해

(1) **땅강아지 (맨제기)** ●　　　　● ㉠ 두 발을 번갈아 가며 차요.

(2) **어기차기 (양발차기)** ●　　　● ㉡ 땅을 딛지 않고 계속 차요.

(3) **헐랭이 (발 들고 차기)** ●　　● ㉢ 한 번 차고 땅을 딛고, 또 차고 땅을 딛어요.

3 이 글에서 설명한 내용이 아닌 것을 고르세요.　　　　　　　[　　　]
내용 추론

① 제기를 차는 방법

② 제기를 만드는 방법

③ 제기차기를 잘하는 나라

④ 다양한 제기차기 놀이 방법

4 이 글을 읽고 더 알고 싶은 점을 바르게 말한 사람은 누구인지 쓰세요.
적용

윤아　나는 제기를 찰 때 왜 충분한 공간을 확보해야 하는지 궁금해.

재이　나는 우리의 전통놀이인 제기차기가 언제부터 시작되었는지 궁금해.

 자신이 좋아하는 사물을 설명하는 글을 한번 써 볼까요?

 무엇을 써야 할지 모르겠어요.

 좋아하는 물건, 기억에 남는 책처럼 자신이 좋아하는 것을 자유롭게 떠올려 봐요.

 제가 기르는 물고기를 설명하는 글을 쓸래요.

 물고기가 얼마나 큰지, 무슨 색인지, 어떤 먹이를 먹는지 등 다양한 **특징**을 떠올려 보세요. 친구들이 **궁금해하는** 내용을 쓰면 더 좋아요.

1
개념 확인

괄호에 들어갈 알맞은 말을 골라 ○표 하세요.

(1) 설명하는 글을 쓸 때는 대상의 (크기 / 특징)을/를 다양하게 떠올려요.

(2) 설명하는 대상에 대해서 친구들이 (궁금해하는 / 아는) 내용을 써 봐요.

2
개념 적용

다음 글은 '딸기'의 무엇을 설명하고 있는지 〈보기〉에서 모두 골라 ○표 하세요.

〈보기〉   색   냄새   맛   보관 방법   좋은 점   가격

딸기는 빨갛고 작은 과일이에요. 겉에는 작은 씨들이 박혀 있고, 꼭대기에는 초록색 잎이 달려 있어요. 딸기는 달콤한 냄새가 나요. 딸기를 먹으면 달콤하고 새콤해요. 딸기는 비타민이 많이 들어 있어서 감기를 예방하는 데 도움이 돼요.

1 빈칸에 들어갈 알맞은 말을 〈보기〉에서 찾아 쓰세요.

어휘

〈보기〉　너풀거리는　충분한

(1) 나는 태극기가 바람에 　　　　　　　 모습을 보았어요.

(2) 나는 팥빙수를 만들기 위해 　　　　　　　 재료를 준비했어요.

2 다음 밑줄 친 낱말을 바르게 고쳐 쓰세요.

맞춤법

(1) 다른 사람이랑 **부디칠** 수 있어요.

(2) 제기는 구멍 **뚤린** 엽전을 이용해 만들어요.

 생각을 더해요 ★ ★ ★

친구와 하고 싶은 놀이를 정하고, 그 놀이 방법을 간단하게 써 보세요.

★ 하고 싶은 놀이

. . . .

★ 놀이 방법

. . . .

※ 다음 글을 읽고 물음에 답하세요. (1~2)

운동장에서 재민이와 서윤이가 달리기 내기를 했어요. 먼저 결승점에 도착하는 사람이 가방을 들어 주는 내기였지요.

"준비, 시작!"

재민이와 서윤이는 함께 외치고는 힘차게 달렸어요. 그런데 재민이가 달리다가 넘어졌어요. 무릎이 까져서 피가 났지요. 그 모습을 본 서윤이가 걱정이 되어 재민이에게 말했어요.

"_____."

1 이 글에서 서윤이의 마음을 짐작하여 고르세요.　　　　　　　　[　　]

① 무서움　　　② 행복함　　　③ 화남　　　④ 걱정스러움

2 이 글의 빈 곳에 들어갈 서윤이가 재민이에게 해 줄 수 있는 고운 말을 쓰세요.

_____

3 다른 사람과 대화할 때 주의해야 할 점을 바르게 말하지 못한 사람을 고르세요.

혜민　듣는 사람의 마음을 생각해야 해요.

시우　고운 말을 사용하려고 노력해야 해요.

민재　내가 하고 싶은 말을 먼저 해야 해요.

※ 다음 글을 읽고 물음에 답하세요. (4~5)

어느 숲속에 개미와 베짱이가 살았어요. 더운 여름 내내 개미는 땀을 뻘뻘 흘리며 열심히 일했어요. 겨울에 먹을 음식을 모으기 위해서였어요. 베짱이는 그런 개미를 보며 노래만 불렀어요.

"이렇게 좋은 날씨에 일만 하니? 나랑 같이 놀자."

개미들은 웃으며 지금 놀면 겨울에 굶게 된다고 이야기했어요. 베짱이는 개미의 말을 귀 기울여 듣지 않고 계속 놀기만 했어요.

시간이 흘러 추운 겨울이 되었어요. 개미들은 따뜻한 집 안에서 여름에 모아 둔 음식을 먹으며 편안하게 지냈어요. 하지만 베짱이는 춥고 배고파 밖에서 떨고 있었어요.

"나도 여름에 미리미리 추운 겨울을 준비해 둘걸."

베짱이는 눈물을 뚝뚝 흘리며 후회했어요.

4 이 글에서 밑줄 친 부분에 나타난 인물의 마음을 고르세요. [ ]

① 후회 ② 놀라움 ③ 즐거움 ④ 무서움

5 이 글에서 얻을 수 있는 교훈을 고르세요. [ ]

① 서로 협동하며 일하자.

② 형제끼리 사이좋게 지내자.

③ 미래를 위해 미리 준비하자.

④ 춤추고 노래하며 즐겁게 지내자.

※ 다음 동시를 읽고 물음에 답하세요. (6~7)

_____

햇빛은 반짝반짝
물결이 살랑살랑
모래를 쓰다듬는 바닷가

하하하
아이의 맑은 웃음소리도
파도처럼 번져요

작은 발자국 따라
바람도 파도도
살금살금 노래해요

6 이 시에서 파도가 부드럽게 치는 모양을 흉내 내는 말을 고르세요.　　　　[　　　]

① 맑은　　　　　　　　　② 하하하

③ 살금살금　　　　　　　④ 반짝반짝

7 이 시의 빈 곳에 들어갈 제목으로 알맞은 것을 고르세요.　　　　　　[　　　]

① 아이와 바다　　　　　　② 꿈속의 바닷가

③ 겨울 바다에 앉아　　　　④ 거센 파도를 맞으며

※ **다음 글을 읽고 물음에 답하세요. (8~9)**

두더지는 땅속에 사는 동물이에요. 땅속에 살기 때문에 눈이 어두운 대신에 귀가 밝고 냄새를 잘 맡아요. 두더지는 날카로운 앞 발톱으로 흙을 파고, 땅속에 긴 굴을 만들어서 다녀요. 그리고 굴속에서 벌레나 지렁이 같은 먹이를 찾지요. 두더지는 밤에만 가끔 땅 위에 나타날 뿐 대부분의 생활을 땅속에서 해요. 그래서 사람들은 두더지를 잘 볼 수 없어요.

8 이 글에 나온 두더지에 대한 설명으로 바르지 않은 것을 고르세요. [   ]

① 냄새를 잘 맡아요.

② 눈이 잘 안 보여요.

③ 땅속에 긴 굴을 만들어요.

④ 주로 낮에 땅 위에 나타나요.

9 이 글의 중심 내용은 무엇인지 빈칸에 알맞은 말을 쓰세요.

☐☐ 에 사는 두더지는 여러 가지 특징이 있어요.

10 좋아하는 사물을 설명하는 글을 쓸 때 주의할 점으로 맞으면 ○표, 틀리면 ✕표 하세요.

(1) 사물의 특징이 잘 드러나게 써요. [   ]

(2) 친구들이 잘 알고 있는 내용을 써요. [   ]

(3) 자신이 잘 모르는 것도 아는 것처럼 꾸며 써요. [   ]

※ 맞춤법이 바르게 쓰인 문장을 찾아 ○표 한 뒤, ○표 한 문장의 아래에 있는 글자를 빈칸에 차례대로 넣어 문장을 완성하세요.

즐겁게 **노리**해요.	하늘에 **무지개**가 떴어요.	도토리 **가튼** 먹이를 모아요.	경기 **규칙**을 잘 지켜요.
수	국	학	어
부모님께 **말대구** 하지 않아요.	농부가 **볏단**을 옮겨요.	사탕을 **똑같이** 나누어요.	사람의 **채온**은 36.5℃ 정도예요.
사	공	부	회

즐거운 [ ][ ] [ ][ ]

'바라다'와 '바래다'

우리 주변에는 글자 모양이 비슷해서 잘못 사용하기 쉬운 낱말이 많아요.

낱말의 뜻을 정확히 파악하고 상황에 따라 바르게 구분해서 써야 해요.

'바라다'와 '바래다'는 자주 헷갈리는 단어예요.

'바라다'는 생각이나 바람대로 어떤 일이 이루어지거나 그렇게 되었으면 하고 생각하는 것을 말해요.

'난 꼭 반장이 될 수 있길 바라다.'

'축구 시합에서 우승하기를 바라다.'

이렇게 쓸 수 있어요.

'바래다'는 햇볕을 받거나 습기가 배어 색이 변하는 것을 말해요.

주로 옷이나 종이 등의 색깔이 변했을 때 사용하지요.

'사진첩의 색이 바래다.'

'오래된 종이가 누렇게 바래다.'

이렇게 쓸 수 있어요.

깜짝 퀴즈

다음에서 괄호에 들어갈 낱말은 무엇일까요?

(1) 오래된 옷의 색이 (바랐다 / 바랬다).

(2) 간절히 (바라면 / 바래면) 이루어져요.

(3) 이번 주말에 놀이공원에 가기를 (바랐다 / 바랬다).

5단원

	제목	글의 종류	학습 목표
25일차	지우의 편지	편지글	글쓴이의 마음을 파악하며 편지를 읽을 수 있어요.
26일차	금도끼 은도끼	전래동화	일이 일어난 차례를 정리할 수 있어요.
27일차	쓸수록 줄어듭니다	광고	글과 그림으로 표현된 매체에 관심을 가져요.
28일차	게임 중독을 예방해요	주장하는 글	글을 읽고 글쓴이의 생각을 파악할 수 있어요.
29일차	신기한 독	전래동화	이어질 이야기를 상상하며 작품을 감상해요.
30일차	단원 평가 5		

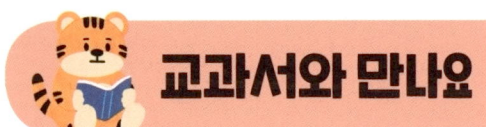
편지글 | 지우의 편지

 월  일

할머니께.

할머니, 안녕하세요. 저 지우예요.

할머니 생신을 진심으로 축하드려요. 비록 선물은 준비하지 못했지만, 편지로 제 마음을 전해 드리고 싶어요. 부모님이 회사에 다니시느라 바쁘셨을 때 할머니께서 늘 저를 돌봐 주셔서 감사했어요. 할머니 덕분에 제가 이렇게 건강하고 행복하게 자랄 수 있었어요. 얼마 전에 할머니께서 허리가 아파서 누워 계신다고 해서 마음이 아프고 슬펐어요. 저를 돌보느라 집안일을 너무 많이 해서 편찮으신가 싶어 죄송한 마음도 들었어요. 할머니께서 늘 건강하게 제 곁에 있어 주시면 좋겠어요. 이번 주말에는 부모님과 함께 할머니 댁에 갈게요.

할머니, 사랑해요. 생신 다시 한번 축하드려요.

그럼 안녕히 계세요.

20○○년 ○○월 ○○일

손녀 지우 올림

✓ **핵심어와 만나요**　　　　　　　　#편지 #축하 #건강

빈칸에 알맞은 낱말을 쓰세요.

(1) 지우가 할머니께 [　　　　　]을/를 썼어요.

(2) 지우가 할머니 생신을 [　　　　　] 드리기 위해 편지를 썼어요.

(3) 지우는 할머니가 늘 [　　　　　]하게 곁에 있어 주시길 바라고 있어요.

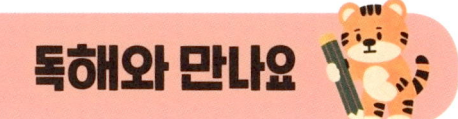

1
내용 확인

이 글의 내용으로 맞으면 ○표, 틀리면 ✕표 하세요.

(1) 할머니가 지우에게 쓴 편지예요.　　　　　　　　　　　　　　[　　　]

(2) 얼마 전에 할머니께서 허리가 아파 누워 계셨어요.　　　　　[　　　]

2
내용 이해

지우가 죄송한 마음이 든 까닭은 무엇인지 빈칸에 알맞은 말을 쓰세요.

지우를 돌보느라 [　　|　　|　　] 을/를 너무 많이 해서 편찮으신가 싶어서

3
내용 추론

편지에 나타난 지우의 마음으로 바르지 않은 것을 고르세요.　　　[　　　]

① 할머니께 감사하는 마음

② 선물을 준비해서 뿌듯한 마음

③ 할머니께서 아프셔서 슬픈 마음

④ 할머니의 생신을 축하하는 마음

4
적용

다음 답장에 드러난 할머니의 마음이 아닌 것을 고르세요.　　　[　　　]

> 지우에게
>
> 　지우가 할머니의 생일을 축하해 주어서 참 기쁘구나. 지우가 이만큼 커서 편지도 써 주다니, 정말 자랑스러워! 할머니를 걱정해 주는 지우의 마음이 참 고마워. 할머니도 건강하게 지내기 위해 노력할게. 그럼, 안녕.
>
> 　　　　　　　　　　　　　　　　　　　　　　2○○○년 ○○월 ○○일
>
> 　　　　　　　　　　　　　　　　　　　　　　　　　　할머니 씀.

① 기쁨　　　　② 고마움　　　　③ 자랑스러움　　　　④ 걱정스러움

125

 **편지**는 안부를 묻거나, 소식을 전하거나, 마음을 전하려고 상대에게 보내는 글이에요.

 어버이날 부모님께 편지를 쓴 적이 있어요.

 편지에는 받는 사람, 첫인사, 전하고 싶은 말, 끝인사, 쓴 날짜, 쓴 사람을 써야 해요.

 감사의 마음을 담아 선생님께 편지 쓸래요.

받는 사람이 윗사람이면 쓴 사람에 'OO 올림'이라고 써요.

---

1 괄호에 들어갈 알맞은 말을 골라 O표 하세요.

개념 확인

(1) 안부를 묻거나, 소식을 전하거나, 마음을 전하려고 상대에게 보내는 글을

(일기 / 편지)라고 해요.

(2) 받는 사람이 윗사람이면 ('OO 올림' / 'OO 씀')이라고 써야 해요.

2 다음 편지에서 밑줄 친 부분은 편지의 어느 부분에 해당하는지 고르세요.   [   ]

개념 적용

> 새봄이에게
> 새봄아, 안녕? 나 서율이야.
> 새봄아, 어제 네가 색연필을 빌려주어서 정말 고마웠어.
> 네 덕분에 그림을 완성할 수 있었어.
> …

① 첫인사   ② 끝인사   ③ 전하고 싶은 말   ④ 쓴 날짜

1 어휘

다음 낱말의 높임 표현으로 알맞은 말을 찾아 선을 이으세요

(1) 아프다 •

(2) 생일 •

(3) 주다 •

• ㉠ 생신

• ㉡ 드리다

• ㉢ 편찮으시다

2 맞춤법

다음 밑줄 친 낱말을 바르게 고쳐 쓰세요.

(1) 그럼 **안녕이** 계세요.

(2) 편지로 제 마음을 전해 **들이고** 싶어요.

생각을 더해요 ★ ★ ★

오늘 부모님께 전하고 싶은 자신의 마음을 써 보세요.

예) 지금까지 사랑으로 키워 주셔서 감사합니다.

. . . .

. . . .

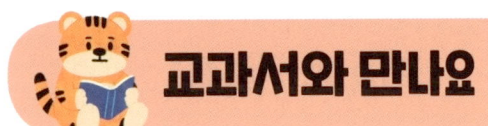

전래동화	금도끼 은도끼	월 일

옛날에 나무꾼이 나무를 베다가 도끼를 연못에 빠뜨렸어요. 나무꾼은 바닥에 털썩 주저앉아 울었지요. 그때 갑자기 연못에서 하얀 연기가 일더니 산신령이 나타났어요.

"이 도끼가 네 도끼냐?"

산신령이 번쩍이는 금도끼를 들어 보이며 물었어요.

"아닙니다. 그 도끼는 제 것이 아닙니다."

나무꾼은 고개를 저으며 대답했지요. 잠시 뒤 산신령이 은도끼를 들고 나타났지만, 나무꾼은 자신의 도끼가 아니라고 했어요.

산신령은 다시 연못으로 사라졌다가 손에 낡은 쇠도끼를 들고 나타났어요.

"그것이 바로 제 도끼입니다!"

산신령은 나무꾼의 정직한 마음에 감탄했어요.

"참으로 정직한 나무꾼이구나! 이 금도끼와 은도끼는 선물로 줄 테니 가져가거라."

✅ **핵심어와 만나요**   **#도끼 #산신령 #정직**

빈칸에 알맞은 낱말을 쓰세요.

(1) 나무꾼이 나무를 베다가 [   ]을/를 연못에 빠뜨렸어요.

(2) [   ]이/가 번쩍이는 금도끼를 들어 보이며 물었어요.

(3) 산신령이 [   ]한 나무꾼에게 선물을 주었어요.

학습 목표 일이 일어난 차례를 정리할 수 있어요.

1
내용 확인

이 글의 내용으로 맞으면 〇표, 틀리면 ✕표 하세요.

(1) 나무꾼은 쇠도끼로 나무를 베었어요. [   ]

(2) 나무꾼은 나무를 베다가 연못에 빠졌어요. [   ]

2
내용 이해

이 글에서 일이 일어난 차례에 맞게 기호를 쓰세요.

㉠ 나무꾼이 도끼를 연못에 빠뜨렸어요.

㉡ 나무꾼은 산신령의 물음에 사실대로 답했어요.

㉢ 산신령이 금도끼가 나무꾼의 것이냐고 물었어요.

㉣ 산신령은 나무꾼에게 금토끼, 은도끼를 선물로 주었어요.

[   ] → [   ] → [   ] → [   ]

3
내용 추론

산신령이 나무꾼에게 선물을 준 까닭을 고르세요. [   ]

① 나무꾼의 도끼가 너무 낡아서

② 나무꾼의 정직한 마음에 감탄해서

③ 나무꾼의 성실한 태도에 감탄해서

④ 산신령에게는 도끼가 필요 없어서

4
적용

다음에서 시간을 나타내는 말을 고르세요. [   ]

① 옛날   ② 다시   ③ 털썩   ④ 갑자기

 일이 일어난 차례를 정리하면 이야기의 내용을 더 잘 **이해**할 수 있어요.

 일이 일어난 차례를 정리하는 방법을 알려 주세요.

 중요한 사건을 그림이나 번호로 정리하면 쉬워요. 또 **시간을 나타내는 말**을 사용할 수 있어요.

 시간을 나타내는 말을 알려 주세요.

 어제, 올해, 오후, 내년, 아침 일찍, 일요일 등이 있어요.

1 개념 확인

괄호에 들어갈 알맞은 말을 골라 ○표 하세요.

(1) 일이 일어난 차례를 정리하면 내용을 잘 (이해 / 반복)할 수 있어요.

(2) 일이 일어난 차례는 (시간을 나타내는 말 / 장소를 나타내는 말)을 사용하면 잘 정리할 수 있어요.

2 개념 적용

다음 밑줄 친 낱말 중에서 시간을 나타내는 낱말이 아닌 것을 찾아 기호를 쓰세요.

> ㉠아침에 토끼와 거북이가 공원에서 만나 달리기 시합을 했어요. ㉡낮에 토끼는 잠을 자다가 달리기 시합에서 졌어요. ㉢늦은 밤, 토끼는 후회하며 ㉣잠이 들었어요.

1
어휘

다음 빈칸에 공통으로 들어갈 수 있는 낱말을 쓰세요.

(1) '아니 땐 굴뚝에서 　　　　　　　 나랴'라는 속담이 있어요

(2) 연못에서 갑자기 하얀 　　　　　　　 가 일더니 산신령이 나타났어요.

2
맞춤법

다음 밑줄 친 낱말을 바르게 고쳐 쓰세요.

(1) 나무꾼이 나무를 **배다가** 도끼를 연못에 빠뜨렸어요.

(2) 이 금도끼와 은도끼를 선물로 줄 **태니** 가져가거라.

🔴 **생각을 더해요 ★ ★ ★**

내가 만약 나무꾼이라면 산신령의 물음에 어떻게 대답했을지 써 보세요.

. . . .

. . . .

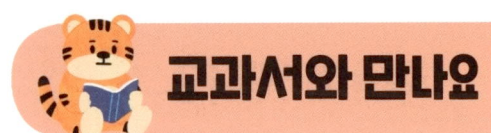
| 광고 | 쏠수록 줄어듭니다 | 월 일 |

쏠수록 줄어듭니다

지구 온난화의 원인 일회용 종이컵,
쏠수록 북극곰들의 집은 줄어듭니다.

공익광고협의회

ⓒ한국방송광고진흥공사

✅ 핵심어와 만나요   #북극곰 #온난화 #공익광고

빈칸에 알맞은 낱말을 쓰세요.

(1) _____ 들이 종이컵 위에 올라가 있어요.

(2) 우리가 종이컵을 쏠수록 지구 _____ 이/가 심해져요.

(3) 북극곰들을 위해 환경을 보호하자는 _____ 예요.

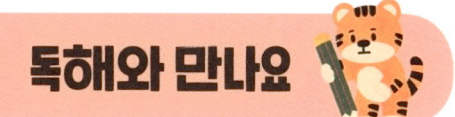
1
내용 확인

이 광고에 대한 설명으로 맞으면 ○표, 틀리면 ✕표 하세요.

(1) 북극곰과 종이컵 그림이 있어요.　　　　　　　　　　　[　　　]

(2) 글씨의 크기와 색깔이 모두 같아요.　　　　　　　　　[　　　]

2
내용 이해

광고를 바르게 읽는 방법을 고르세요.　　　　　　　　　[　　　]

① 그림만 중심으로 살펴요.

② 글과 그림을 관련지어 읽어요.

③ 그림을 보지 않고 글만 읽어요.

④ 마음에 드는 부분만 자세히 살펴요.

3
내용 추론

이 광고를 보고 나눈 대화에서 빈칸에 공통으로 들어갈 낱말을 쓰세요.

북극곰이 올라가 있는 [　　　　　　]이/가 마치 빙하 같아. 지구 온난화가 심해지면 빙하가 줄어들어서 북극곰들이 살 곳이 사라져.

아, 그래서 일회용 [　　　　　　]을/를 쓸수록 북극곰의 집이 줄어든다고 한 것이구나.

4
적용

이 공익광고에서 전하고자 하는 내용으로 맞으면 ○표, 틀리면 ✕표 하세요.

(1) 동물들을 아끼고 사랑하는 마음을 가져요.　　　　　　[　　　]

(2) 일회용품 사용을 줄여서 지구 온난화를 막아요.　　　　[　　　]

 **공익광고**는 여러 사람의 이익을 목적으로 하는 광고를 말해요. 공익광고를 보며 어떤 글과 그림으로 이루어져 있는지 살펴봐요.

 글과 그림을 관련지으니 더 잘 이해돼요.

 글과 그림을 관련지어 읽으면 내용을 더 생생하게 **이해**할 수 있고, 어떤 상황인지 더 자세하게 알 수 있어요.

 글과 그림을 관련지으며 무엇을 더 읽어 볼 수 있나요?

 그림책, 만화, 뉴스, 광고, 웹툰, 애니메이션, 영화 같은 매체 자료를 볼 때 글과 그림을 관련지으며 읽을 수 있어요.

---

1 빈칸에 들어갈 알맞은 말을 골라 ◯표 하세요.

개념 확인

(1) (공익광고 / TV 광고)는 여러 사람의 이익을 목적으로 하는 광고를 말해요.

(2) 글과 그림을 관련지어 읽으면 내용을 더 생생하게 (전달 / 이해)할 수 있어요.

---

2 다음 문장에 어울리는 그림을 그리세요.

개념 적용

북극곰을 위해
종이컵 사용을 줄여요.

1 어휘

밑줄 친 말을 뜻이 비슷한 다른 말로 바꾸어 쓰세요.

(1) <u>쓸수록</u> 줄어듭니다.

→ | | 용 | | | | 줄어듭니다.

(2) 지구 온난화가 심각해진 <u>원인</u>은 일회용품을 많이 사용했기 때문이에요.

→ 지구 온난화가 심각해진 | 까 | | 은 일회용품을 많이 사용했기 때문이에요.

2 맞춤법

다음 밑줄 친 낱말을 바르게 고쳐 쓰세요.

(1) **일해용** 종이컵 사용을 줄어야 해요.

(2) **반듯이** 북극곰이 사는 곳을 보호해야 해요.

🔴 **생각을 더해요 ★ ★ ★**

다음 중 자신이 좋아하는 매체 자료를 골라 ○표 하고,

그 매체 자료를 좋아하는 까닭을 써 보세요.

그림책 / 만화 / 광고 / 영화 / 뉴스

주장하는 글　게임 중독을 예방해요

 월　 일

　요즘 스마트폰 게임을 좋아하는 학생들이 많아요. 하지만 게임을 너무 오래하거나 계속하면 여러 가지 문제를 겪을 수 있어요. 먼저, 눈이 피곤하고 시력이 나빠질 수 있어요. 또 밤늦게까지 게임을 하면 잠을 못 자서 아침에 일어나기도 힘들고, 공부에 집중하기도 어려워요. 심하면 게임을 하지 않으면 불안하고, 화가 더 쉽게 자주 날 수도 있어요. ㉠이러한 현상을 게임 중독이라고 해요. 그럼 게임 중독을 어떻게 예방할 수 있을까요?

　첫째, ㉡게임을 하는 시간을 정해 놓고 지켜야 해요. 날짜를 정해 놓고 정해진 날에만 하는 것도 좋아요.

　둘째, ㉢게임 말고 다른 재미있는 활동을 찾아요. 운동, 책 읽기, 그림 그리기, 친구랑 놀기 등 게임 이외에 할 수 있는 다른 재미있는 놀이가 많아요.

　셋째, ㉣다른 사람의 도움을 받아요. 방에서 혼자 하는 것보다 가족들이 함께 있는 공간에서 하면 게임 시간을 더 잘 조절할 수 있어요.

✅ 핵심어와 만나요

#스마트폰 #중독 #예방

빈칸에 알맞은 낱말을 쓰세요.

(1) ＿＿＿＿＿ 게임을 좋아하는 학생들이 많아요.

(2) 게임을 너무 오래하면 게임 ＿＿＿＿＿ 으로 인한 문제를 겪을 수 있어요.

(3) 게임 중독을 ＿＿＿＿＿ 하기 위해 노력해야 해요.

1
내용 확인

이 글의 내용으로 맞으면 ○표, 틀리면 ✕표 하세요.

(1) 게임 중독은 예방할 수 없어요. [   ]

(2) 게임을 너무 많이 하면 눈이 피곤하고 시력이 나빠질 수 있어요. [   ]

2
내용 이해

게임을 하지 않으면 불안하고, 화가 더 쉽게 자주 나는 현상을 무엇이라고 하는지 이 글에서 찾아 쓰세요.

[   ]

3
내용 추론

이 글의 ㉠~㉣에서 중심 생각이 아닌 것을 고르세요. [   ]

① ㉠   ② ㉡   ③ ㉢   ④ ㉣

4
적용

이 글을 읽고 글쓴이의 생각을 바르게 이해한 사람은 누구인지 쓰세요.

준우 스마트폰을 많이 가지고 있는 것이 문제야. 스마트폰을 부모님께 다시 돌려 드려야 해.

영준 게임을 하면서 친구 사이가 안 좋아지는 경우가 많아. 친구와 사이좋게 게임을 해야 해.

지혜 게임을 많이 하면 여러 가지 문제가 생길 수 있어. 게임 중독을 예방하기 위해 노력해야 해.

[   ]

 글쓴이의 생각을 파악하며 글을 읽으면 내 생각과 **비교**할 수 있고, 글의 내용도 잘 알 수 있어요.

 글쓴이의 생각을 어떻게 알 수 있어요?

 글의 제목을 확인해요. 글쓴이는 **제목**으로 자신의 생각을 표현하기 때문이에요.

 또 다른 방법이 있나요?

 글의 중심 생각을 찾아야 해요. 여러 중심 생각이 모이면 글 전체의 생각이 돼요.

1 괄호에 들어갈 알맞은 말을 골라 ○표 하세요.

개념 확인

(1) 글쓴이의 생각을 파악하며 글을 읽으면 내 생각과 (비교 / 공유)할 수 있어요.

(2) 글쓴이의 생각을 알기 위해서는 글의 (제목 / 등장인물)을 확인해요.

2 다음 글을 읽고 글쓴이의 생각은 무엇인지 빈칸에 알맞은 말을 쓰세요.

개념 적용

> 우리 교실에서 식물을 기르면 좋겠습니다. 식물을 기르면 보기가 좋고, 식물이 자라는 과정을 잘 알 수 있습니다. 작년에 교실에서 식물을 기르면서 꽃과 열매를 보며 마음이 편안했습니다.

우리 교실에서 ☐☐ 을/를 기르자.

1 어휘

빈칸에 들어갈 알맞은 낱말을 〈보기〉에서 찾아 쓰세요.

〈보기〉 집중　조절　제한

(1) 아빠는 건강을 위해 체중 　　　　　　　　 을/를 시작하셨어요.

(2) 저 문은 　　　　　　　　 구역이라서 아무나 들어가면 안 돼요.

(3) 수학 숙제를 하는데 자꾸 게임 생각이 나서 　　　　　　　 이/가 안 돼요.

2 맞춤법

밑줄 친 낱말을 바르게 고쳐 쓰세요.

(1) 게임 중독을 **어떠케** 예방할 수 있을까요?

(2) 게임을 너무 오래하거나 계속하면
여러 가지 문제를 **격을** 수 있어요.

생각을 더해요 ★ ★ ★

게임 시간을 적당히 조절하기 위한 자신만의 방법을 써 보세요.

전래동화   신기한 독   월   일

　옛날에 어느 농사꾼이 밭에서 괭이질을 하다가 큰 독을 발견했어요. 물건을 넣으면 꺼내도 꺼내도 계속 나오는 신기한 독이었어요. 독 안에 넣어 두었던 괭이가 끝도 없이 나왔어요. 독 안에 엽전을 넣자 계속해서 나왔지요. 신기한 독이 있다는 소문이 퍼지자, 욕심꾸러기 부자 영감이 농사꾼을 찾아왔어요.

　"이보게, 그 독은 내 것이야. 내가 판 밭에서 나왔으니 내 것이지."

　"아니, 그게 무슨 소리입니까. 원님에게 가서 누구 것인지 가려봅시다."

　신기한 독 이야기를 들은 원님은 독을 가지고 싶은 마음이 들었어요.

　"이 신기한 독은 그 누구의 것도 될 수 없다. 나라의 재산으로 삼겠다."

　농사꾼과 부자 영감은 아무 말도 하지 못하고 힘없이 집으로 돌아갔답니다.

✓ **핵심어와 만나요**   #독 #괭이 #원님

빈칸에 알맞은 낱말을 쓰세요.

(1) 농사꾼이 밭에서 　　　　　을/를 발견했어요.

(2) 독에 넣어 두었던 　　　　　이/가 끝도 없이 나왔어요.

(3) 신기한 독 이야기를 들은 　　　　　은/는 독을 가지고 싶은 마음이 들었어요.

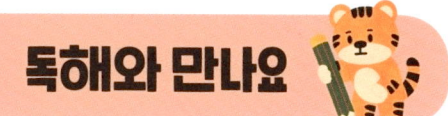

1 이 글의 내용으로 맞으면 〇표, 틀리면 ✕표 하세요.

내용 확인

(1) 독에 엽전을 넣자 엽전이 계속해서 나왔어요. [   ]

(2) 원님은 신기한 독이 농사꾼의 것이라고 했어요. [   ]

2 이 글에서 일이 일어난 차례에 맞게 기호를 쓰세요.

내용 이해

> ㉠ 농사꾼이 밭에서 독을 발견했어요.
>
> ㉡ 농사꾼이 독 안에 물건을 넣자 그 물건이 계속해서 나왔어요.
>
> ㉢ 농사꾼과 부자 영감은 원님에게 찾아가 진짜 독의 주인을 가려 달라고 했어요.
>
> ㉣ 신기한 독이 있다는 소문을 들은 부자 영감이 그 독은 자신의 것이라고 했어요.

[   ] → [   ] → [   ] → [   ]

3 이 글에 나온 등장인물을 바르게 평가한 사람은 누구인지 쓰세요.

내용 추론

> 하율 신기한 독을 나라의 재산으로 삼은 원님은 현명한 것 같아.
>
> 시우 신기한 독을 가지고 싶다는 생각을 한 원님은 욕심이 많은 것 같아.

[   ]

4 이 이야기 뒤에 이어질 내용을 알맞게 상상한 것을 고르세요. [   ]

적용

① 원님이 독을 깨뜨렸어요.

② 원님이 농사꾼에게 독을 돌려주었어요.

③ 원님이 부자 영감에게 독을 돌려주었어요.

④ 원님이 신기한 독을 자신의 집으로 가져갔어요.

 상상은 새로운 생각을 마음속에 그려 보는 것을 말해요. 이어질 이야기를 상상하면 새로운 이야기를 쓸 수 있어요.

 이어질 이야기를 상상해서 쓰면 재미있을 것 같아요.

 이어질 이야기를 상상할 때는 **인물의 성격**이나 이야기의 흐름을 생각해요. **이야기의 흐름**과 관련 없는 엉뚱한 이야기를 쓰지 않아요.

 이야기의 흐름을 잘 알아야겠네요.

 이야기에서 일어난 일을 차례대로 정리해 보세요. 그럼 다음에 이어질 이야기를 더 쉽게 상상할 수 있어요.

1
개념 확인

괄호에 들어갈 알맞은 말을 골라 ○표 하세요.

(1) 이어질 이야기를 상상할 때에는 (인물의 생김새 / 인물의 성격)을/를 생각해야 해요.

(2) 이어질 이야기를 상상할 때 (이야기의 흐름 / 이야기의 길이)와/과 관련 없는 이야기를 쓰지 않게 주의해야 해요.

2
개념 적용

'신기한 독' 이야기의 흐름을 생각하며 이어질 이야기를 상상해서 쓰세요.

_____

_____

_____

1 다음 물건의 이름을 찾아 선을 이으세요.
어휘

(1) 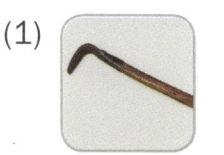 •

(2)  •

(3)  •

• ㉠ 독

• ㉡ 엽전

• ㉢ 괭이

2 다음 밑줄 친 낱말을 바르게 고쳐 쓰세요.
맞춤법

(1) 원님은 독을 가지고 **시픈** 마음이 들었어요.

(2) 물건을 **꺼네도** 계속 나왔어요.

🔴 **생각을 더해요 ★ ★ ★**

만약 자신이 '신기한 독' 이야기에 나오는 원님이라면
농사꾼과 부자 영감에게 무엇이라고 말했을지 써 보세요.

⋯⋯⋯⋯⋯⋯⋯⋯⋯⋯⋯⋯⋯⋯⋯⋯⋯⋯⋯⋯⋯⋯⋯⋯⋯⋯⋯⋯

⋯⋯⋯⋯⋯⋯⋯⋯⋯⋯⋯⋯⋯⋯⋯⋯⋯⋯⋯⋯⋯⋯⋯⋯⋯⋯⋯⋯

※ 다음 글을 읽고 물음에 답하세요. (1~3)

언니에게

언니, 안녕. 나 동생 서은이야.

내가 어제 언니 장난감을 실수로 망가뜨려서 정말 미안해. 그냥 살짝 만져 보려고 했는데 떨어뜨리고 말았어. 언니가 아끼는 장난감인데 조심히 다루지 않아서 정말 미안해. 앞으로는 언니 물건 절대 만지지 않을게. 다시 한 번 진심으로 미안해.

2000년 OO월 OO일

동생 서은이가

---

1 이 편지에서 서은이에게 일어난 일을 고르세요. [   ]

① 새로 장난감을 샀어요.

② 언니 장난감을 망가뜨렸어요.

③ 언니와 장난감을 가지고 놀았어요.

④ 언니가 자기 물건을 만져서 화를 냈어요.

2 이 편지에 나타난 서은이의 마음을 고르세요. [   ]

① 화남   ② 미안함   ③ 고마움   ④ 놀라움

3 밑줄 친 부분은 편지의 어느 부분에 해당하는지 고르세요. [   ]

① 첫인사   ② 끝인사   ③ 전하고 싶은 말   ④ 쓴 날짜

※ 다음 글을 읽고 물음에 답하세요. (4~5)

옛날에 부지런한 농부가 살았어요. 어느 일요일, 농부는 시장에 가서 거위를 한 마리 샀어요. 튼튼하게 잘생긴 거위를 보고 농부 부부는 흐뭇해했어요.

다음 날 아침, 농부는 깜짝 놀랐어요. 거위가 황금 알을 낳았지 뭐예요! 부부는 좋아서 덩실덩실 춤을 추었어요. 거위는 매일매일 황금 알을 하나씩 낳았어요. 덕분에 농부는 금세 부자가 되었어요. 그런데 어느 순간부터 농부는 거위가 황금 알을 하나씩만 낳는 데 불만이 생겼어요. 거위에게 황금 알을 여러 개 낳으라고 소리도 질렀어요. 하지만 거위는 늘 황금 알을 하나씩만 낳았어요.

어느 날 저녁, 농부의 아내가 이야기했어요.

"여보, 거위 배 속에 황금 알이 가득 들어 있을 것 같아요. 우리 거위 배를 갈라서 황금 알을 꺼내요."

농부는 좋은 생각이라며 맞장구쳤어요. 하지만 거위 배 속에는 황금 알은커녕 그냥 알도 들어 있지 않았지요.

4 다음에서 시간을 나타내는 말이 아닌 것을 고르세요.   [   ]

① 옛날에   ② 하지만

③ 어느 일요일   ④ 다음 날 아침

5 이 글의 밑줄 친 부분에서 짐작할 수 있는 농부의 마음을 고르세요.   [   ]

① 외로워요   ② 행복해요

③ 겁이 나요   ④ 욕심이 나요

※ 다음 글과 그림을 보고 물음에 답하세요. (6~7)

ⓒ한국방송광고진흥공사

6 이 글과 그림처럼 여러 사람의 이익을 목적으로 하는 광고를 무엇이라고 하는지 쓰세요.

7 이 글과 그림에서 전하고자 내용으로 맞으면 ○표, 틀리면 ×표 하세요.

(1) 애완견 건강 관리에 신경을 써요.　　　　　　　　　　　　　　　　[　　　]

(2) 애완견을 산책시킬 때 목줄을 착용해요.　　　　　　　　　　　　　[　　　]

※ 다음 글을 읽고 물음에 답하세요. (8~10)

책을 읽으면 좋은 점이 많습니다. 첫째, 책을 읽으면 다양한 지식을 쌓을 수 있습니다. ㉠책에는 우리가 몰랐던 내용이 많이 담겨 있습니다. 둘째, 책을 읽으면 생각하는 힘이 길러집니다. ㉡책 속의 이야기와 등장인물의 행동을 보며 '왜 그럴까?' 하며 스스로 생각하기 때문입니다. 셋째, 좋은 책은 우리의 마음을 따뜻하게 해 줍니다. 감동적인 이야기를 읽으면 다른 사람을 더 잘 이해하고 배려할 수 있습니다. ㉢우리 모두 책을 많이 읽도록 합시다.

8 이 글의 제목으로 알맞은 것을 고르세요.　　　　　　　　　　　　　　[　　　]

① 책을 많이 읽어요.　　　　　　② 책보다 재미있는 영화

③ 좋은 책을 고르는 방법　　　　④ 좋아하는 책을 소개해요.

9 이 글의 ㉠~㉢에서 중심 생각으로 알맞은 것을 고르세요.

10 이 글을 읽고 글쓴이의 생각을 바르게 이해한 사람은 누구인지 쓰세요.

　우진　책을 읽으면 좋은 점이 참 많구나. 나도 좋은 책을 골라서 많이 읽어야겠어.

　현우　책을 읽으면 지식을 많이 쌓을 수 있구나. 지식이 많이 담긴 책만 읽어야겠어.

1단원

1일차 　　　　　　　　　 신나는 가족 나들이

<12쪽> 핵심어와 만나요
(1) 나들이 (2) 감탄 (3) 최선

<13쪽> 독해와 만나요
1　(1) × (2) ○
2　(1) ㉠ (2) ㉢ (3) ㉡
3　②
4　(1) 깔깔 (2) 폴짝폴짝

<14쪽> 개념과 만나요
1　(1) 흉내 내는 말 (2) 생생하게
2　(1) 활짝 (2) 둥실둥실 (3) 울긋불긋

<15쪽> 국어와 만나요
1　(1) 엉금엉금 (2) 반짝반짝 (3) 쨍쨍
2　(1) 있었지요 (2) 누구의 (3) 웃으며

<15쪽> 생각을 더해요
(예시 답안) 쉬는 시간에 친구와 소곤소곤 이야기했어요.

2일차 　　　　　　　　　 두근두근 발표

<16쪽> 핵심어와 만나요
(1) 발표 (2) 긴장 (3) 뿌듯

<17쪽> 독해와 만나요
1　(1) × (2) ○
2　②, ④
3　②
4　(1) 뿌듯했다 (2) 긴장되었다

<18쪽> 개념과 만나요
1　(1) 기분을 나타내는 말 (2) 있었던 일
2　(1) ㉡ (2) ㉠

<19쪽> 국어와 만나요
1　(1) 뿌듯했다 (2) 설레었다
2　(1) 차례 (2) 기분이

<19쪽> 생각을 더해요
(예시 답안) 수업 시간에 발표를 잘해서 칭찬을 받았다. / 뿌듯했다.

3일차 　　　　　　　　 일회용품 사용을 줄여요

<20쪽> 핵심어와 만나요
(1) 일회용품 (2) 플라스틱 (3) 실천

<21쪽> 독해와 만나요
1　(1) × (2) ○
2　①
3　(1) × (2) ○ (3) ×
4　승원

<22쪽> 개념과 만나요
1　(1) 글쓴이의 생각 (2) 제목
2　조용히

<23쪽> 국어와 만나요
1　(1) 붉은 (2) 굵은 (3) 넓은
2　(1) 아예 (2) 썩는

<23쪽> 생각을 더해요
(예시 답안) 숙제하는 것을 도와주셔서 감사합니다.

4일차　　　　　　　　　　　　　즐거운 운동회

<24쪽> 핵심어와 만나요
(1) 운동회 (2) 경기 (3) 승리

<25쪽> 독해와 만나요
1　(1) × (2) ○
2　(1) ⓒ (2) ⓛ (3) ⓐ
3　ⓛ
4　준호

<26쪽> 개념과 만나요
1　(1) 그림일기 (2) 자신의 생각이나 느낌
2　날짜와 요일, 날씨, 경험한 일, 기억에 남는 일, 그림, 생각이나 느낌

<27쪽> 국어와 만나요
1　(예시 답안)(1) 야구 경기 보는 것은 재미있어요. (2) 우리 팀이 승리했어요.
2　(1) 만세 (2) 열심히

<27쪽> 생각을 더해요
(예시 답안) 비바람에 우산이 뒤집힌 날

5일차　　　　　　　　　　　　　바람과 해님

<28쪽> 핵심어와 만나요
(1) 나그네 (2) 외투 (3) 해님

<29쪽> 독해와 만나요
1　(1) × (2) ○
2　④
3　바람
4　(1) ⓐ (2) ⓒ (3) ⓛ

<30쪽> 개념과 만나요
1　(1) 누가 (2) 행동
2　(1), (3)

<31쪽> 국어와 만나요
1　(1) ⓛ (2) ⓒ (3) ⓐ
2　(1) 웃으며 (2) 세다고

<31쪽> 생각을 더해요
(예시 답안) 동생이 태권도 연습을 했어요.

6일차　　　　　　　　　　　　　단원 평가 1

<32쪽>
1　(1) 뚝뚝 (2) 깔깔
2　내일
3　④
4　ⓐ
5　서로 부딪혀 다칠 수 있어요.
6　①
7　복도, 질서
8　④
9　ⓒ
10　(1) ⓛ (2) ⓐ (3) ⓒ
11　엄마

쉬어가기 1

<36쪽>
(1) 승리 (2) 실천 (3) 나들이 (4) 뿌듯하다

알쏠국잡 1

<37쪽>
(1) 며칠 (2) 며칠

7일차   자연의 재료로 만든 한옥

<40쪽> 핵심어와 만나요
(1) 한옥 (2) 재료 (3) 지혜

<41쪽> 독해와 만나요
1   (1) × (2) ○
2   ④
3   해수
4   ③

<42쪽> 개념과 만나요
1   (1) 제목 (2) 특징
2   가위

<43쪽> 국어와 만나요
1   (1) 틀리다 (2) 다르다
2   (1) 편하게 (2) 데워서

<43쪽> 생각을 더해요
(예시 답안) 나는 마당이 있는 집에서 살고 싶어요. 마당에서 축구를 하고 싶기 때문이에요.

8일차   우주복 이야기

<44쪽> 핵심어와 만나요
(1) 탐험 (2) 우주 (3) 발전

<45쪽> 독해와 만나요
1   (1) × (2) ○
2   ②, ④
3   ②
4   지아

<46쪽> 개념과 만나요
1   (1) 밑줄을 그으면서 (2) 새로운 것
2   (예시 답안) 문어는 몸속에 뼈가 없어요.

<47쪽> 국어와 만나요
1   (1) 부품 (2) 제공 (3) 위협
2   (1) 앞으로 (2) 세계를

<47쪽> 생각을 더해요
(예시 답안) 1시간은 60분이에요.

9일차   여우와 두루미

<48쪽> 핵심어와 만나요
(1) 초대 (2) 접시 (3) 실망

<49쪽> 독해와 만나요
1   (1) ○ (2) ×
2   여우, 두루미
3   ②
4   수아

<50쪽> 개념과 만나요
1   (1) 모습과 행동을 나타내는 표현 (2) 마음
2   (예시 답안) 여우야, 나는 접시에 담긴 음식은 먹기 힘들어.

<51쪽> 국어와 만나요
1   (예시 답안) (1) 친구를 집에 초대했어요. (2) 접시에 과일을 담아 먹어요.
2   (1) 넓고 (2) 채

<51쪽> 생각을 더해요
(예시 답안) 사촌 동생 / 함께 보드게임을 하고 싶어요.

10일차   꼬리 따기 말놀이

<52쪽> 핵심어와 만나요
(1) 말놀이 (2) 꼬리 (3) 뜨겁다

<53쪽> 독해와 만나요
1 (1) × (2) ○
2 (2)
3 ④
4 (예시 답안) 초콜릿은 달콤해, 달콤하면 솜사탕, 솜사탕은 부드러워

<54쪽> 개념과 만나요
1 (1) 말놀이 (2) 규칙이나 방법
2 (예시 답안) 수박

<55쪽> 국어와 만나요
1 (예시 답안) (1) 구두 - 두부 - 부자 (2) 나비 - 비옷 - 옷장 (3) 차도 - 도자기 - 기술
2 (예시 답안) (1) 비밀, 비빔밥, 비둘기 (2) 가을, 가구, 가지

<55쪽> 생각을 더해요
(예시 답안) 말 덧붙이기 놀이

11일차   씨앗 심기

<56쪽> 핵심어와 만나요
(1) 씨앗 (2) 싹 (3) 줄기

<57쪽> 독해와 만나요
1 (1) ○ (2) ×
2 ㉠, ㉢. ㉡
3 ㉣
4 작은

<58쪽> 개념과 만나요
1 (1) 꾸며 주는 말 (2) 생생하게
2 (1) 빠르게 (2) 활짝 (3) 맛있게

<59쪽> 국어와 만나요
1 (1) 시원하게 (2) 씽씽 (3) 탐스러운
2 (1) 덮었어요 (2) 햇빛

<59쪽> 생각을 더해요
(예시 답안) 나는 차분하게 그림을 잘 그려요.

12일차   단원 평가 2

<60쪽>
1 ①
2 해수
3 (1) ○
4 다원
5 ④
6 (예시 답안) 곰 인형
7 ④
8 (1) 빙글빙글 (2) 탐스러운 (3) 힘차게 (4) 시원한
9 (예시 답안) 귀여운 강아지가 달려요.
10 (1) 뻘뻘 (2) 아름답게

쉬어가기 2

<64쪽>
(1) 꼬리 (2) 재료 (3) 발전 (4) 실망 (5) 한옥 (6) 탐험

알쓸국잡 2

<65쪽>
사흘, 닷새, 여드레, 열흘

13일차 　　　　나는 마을 탐험대

<68쪽> 핵심어와 만나요
(1) 마을 (2) 공공 기관 (3) 구경

<69쪽> 독해와 만나요
1 (1) ○ (2) ×
2 (1) ㉡ (2) ㉠ (3) ㉢
3 ③
4 (1) ○ (2) ×

<70쪽> 개념과 만나요
1 (1) 인상 깊은 일 (2) 글감
2 (예시 답안) 친구가 인사하는 모습, 식탁 위의 과일

<71쪽> 국어와 만나요
1 (예시 답안) (1) 일기를 잘 써서 칭찬을 받았어요. (2) 시장 구경은 재미있어요.
2 (1) 다음에 (2) 조심히

<71쪽> 생각을 더해요
(예시 답안) 급식을 다 먹어서 선생님께 칭찬받은 일

14일차 　　　　신나는 흙 놀이

<72쪽> 핵심어와 만나요
(1) 발걸음 (2) 성 (3) 정리

<73쪽> 독해와 만나요
1 (1) × (2) ○
2 ④
3 (1) 맑아요 (2) 밟았어요 (3) 앉아
4 ①

<74쪽> 개념과 만나요
1 (1) 겹받침 (2) 한 받침
2 앉다 / 끊다

<75쪽> 국어와 만나요
1 (1) 만타 (2) 목 (3) 흑
2 (1) 짓기 (2) 밟아

<75쪽> 생각을 더해요
(예시 답안) 강이 흐르는 마을을 만들고 싶어요.

15일차 　　　　두고 온 필통

<76쪽> 핵심어와 만나요
(1) 필통 (2) 당황 (3) 인사

<77쪽> 독해와 만나요
1 (1) ○ (2) ×
2 ㉡, ㉢, ㉠
3 (1) ㉡ (2) ㉠
4 ②

<78쪽> 개념과 만나요
1 (1) 말이나 행동 (2) 경험
2 ②

<79쪽> 국어와 만나요
1 (1) 때 (2) 떼
2 (1) 밖에 (2) 반드시

<79쪽> 생각을 더해요
(예시 답안) 두 팔을 올려 만세를 하셨다. / 기쁜 마음

16일차   세계 여러 나라의 옷

<80쪽> 핵심어와 만나요
(1) 기후 (2) 전통 (3) 문화

<81쪽> 독해와 만나요
1 (1) ○ (2) ×
2 나라, 옷
3 ③
4 인도, 얇고 긴 옷, 따뜻한

<82쪽> 개념과 만나요
1 (1) 제목 (2) 까닭
2 줄넘기

<83쪽> 국어와 만나요
1 (1) 모양 (2) 재료
2 (1) 넓어 (2) 얇고

<83쪽> 생각을 더해요
(예시 답안) 중국에 가서 치파오라는 옷을 입어 보고 싶어요.

17일차   가족회의

<84쪽> 핵심어와 만나요
(1) 회의 (2) 결정 (3) 계획

<85쪽> 독해와 만나요
1 (1) × (2) ○
2 (1) ㉡ (2) ㉠ (3) ㉢
3 ①
4 놀이 기구, 사진

<86쪽> 개념과 만나요
1 (1) 인물 (2) 말
2 고양이 목에 방울을 달아요.

<87쪽> 국어와 만나요
1 (1) 묶었다 (2) 읽었다 (3) 넓다
2 (1) 많잖아 (2) 이렇게

<87쪽> 생각을 더해요
(예시 답안) 가족들과 계곡에 가고 싶어요. 물고기를 잡고 싶기 때문이에요.

18일차   단원 평가 3

<88쪽>
1 ④
2 ㉢
3 ③
4 ②
5 ②
6 식중독
7 (1) × (2) ○
8 ②
9 (1) ㉡ (2) ㉢ (3) ㉠
10 ③

쉬어가기 3

<92쪽>
-세로열쇠-
1 구경
2 결정
5 인사

-가로열쇠-
3 경기
4 정리
6 농사
7 공공기관

알쓸국잡 3

<93쪽>
(예시 답안) 야구 경기를 보고 싶은 마음이 굴뚝 같아.

19일차 　　　　　　　　　　무지개 물고기

<96쪽> 핵심어와 만나요
(1) 은비늘 (2) 무지개 (3) 대꾸

<97쪽> 독해와 만나요
1　(1) ○　(2) ×
2　아름다운
3　①
4　(예시 답안) 미안해. 소중한 것이라 줄 수가 없어.

<98쪽> 개념과 만나요
1　(1) 마음 (2) 고운 말
2　(예시 답안) 내가 도와줄게.

<99쪽> 국어와 만나요
1　(1) 바켜 (2) 물꼬기
2　(1) 버럭 (2) 빛나는

<99쪽> 생각을 더해요
(예시 답안) 부모님 / 키워 주셔서 감사합니다.

20일차 　　　　　　　　　　의좋은 형제

<100쪽> 핵심어와 만나요
(1) 농사 (2) 볏단 (3) 곳간

<101쪽> 독해와 만나요
1　(1) ○　(2) ×
2　②
3　④
4　수빈

<102쪽> 개념과 만나요
1　(1) 말이나 행동 (2) 경험
2　(예시 답안) 이게 무슨 일이야? / 네가 나에게 볏단을 주었구나.

<103쪽> 국어와 만나요
1　(예시 답안) 교실에서 서로 배려하며 지내요.
2　(1) 수확 (2) 똑같이

<103쪽> 생각을 더해요
(예시 답안) 이상한 나라의 앨리스 / 앨리스가 토끼를 따라가는 장면

21일차 　　　　　　　　　　봄

<104쪽> 핵심어와 만나요
(1) 발치 (2) 부뚜막 (3) 한가운데

<105쪽> 독해와 만나요
1　(1) ○　(2) ×
2　③
3　(1)
4　(1) ㉢ (2) ㉡ (3) ㉠

<106쪽> 개념과 만나요
1　(1) 낭송 (2) 표현

<107쪽> 국어와 만나요
1　(1) 쿨쿨 (2) 호로록 (3) 쨍그랑
2　(1) 나뭇가지 (2) 해님 (3) 노랫말

<107쪽> 생각을 더해요
(예시 답안) 솜사탕 / 맛있게 솜사탕을 먹은 일

22일차　겨울잠을 자는 동물들

<108쪽> 핵심어와 만나요
(1) 체온 (2) 정지 (3) 겨울잠

<109쪽> 독해와 만나요
1　(1) × (2) ○
2　ⓒ
3　주원
4　겨울잠, 곰, 개구리, 땅속

<110쪽> 개념과 만나요
1　(1) 제목 (2) 문장
2　도서관에서는 조용히 하고 규칙을 잘 지켜야 해요.

<111쪽> 국어와 만나요
1　(1) ㉠ (2) ㉢ (3) ㉡
2　(1) 같은 (2) 받아들이며

<111쪽> 생각을 더해요
(예시 답안) 가족과 함께 붕어빵을 나누어 먹어요.

23일차　제기차기

<112쪽> 핵심어와 만나요
(1) 놀이 (2) 도구 (3) 규칙

<113쪽> 독해와 만나요
1　(1) × (2) ○
2　(1) ㉢ (2) ㉠ (3) ㉡
3　③
4　재이

<114쪽> 개념과 만나요
1　(1) 특징 (2) 궁금해하는
2　색, 냄새, 맛, 좋은 점

<115쪽> 국어와 만나요
1　(1) 너풀거리는 (2) 충분한
2　(1) 부딪칠 (2) 뚫린

<115쪽> 생각을 더해요
(예시 답안) 술래잡기 / 술래를 정하고 술래가 다른 친구들을 잡아요.

24일차　단원 평가 4

<116쪽>
1　④
2　(예시 답안) 괜찮아? 내가 도와줄게.
3　민재
4　①
5　③
6　③
7　①
8　④
9　땅속
10　(1) ○ (2) × (3) ×

쉬어가기 4

<120쪽>
국어 공부

알쓸국잡 4

<121쪽>
(1) 바랬다 (2) 바라면 (3) 바랐다

25일차 — 지우의 편지

<124쪽> 핵심어와 만나요
(1) 편지 (2) 축하 (3) 건강

<125쪽> 독해와 만나요
1 (1) × (2) ○
2 집안일
3 ②
4 ④

<126쪽> 개념과 만나요
1 (1) 편지 (2) '○○ 올림'
2 ③

<127쪽> 국어와 만나요
1 (1) ⓒ (2) ⑦ (3) ⓛ
2 (1) 안녕히 (2) 드리고

<127쪽> 생각을 더해요
(예시 답안) 앞으로 부모님 말씀을 더 잘 들을게요.

26일차 — 금도끼 은도끼

<128쪽> 핵심어와 만나요
(1) 도끼 (2) 산신령 (3) 정직

<129쪽> 독해와 만나요
1 (1) ○ (2) ×
2 ⑦, ⓒ, ⓛ, ⓔ
3 ②
4 ①

<130쪽> 개념과 만나요
1 (1) 이해 (2) 시간을 나타내는 말
2 ⓔ

<131쪽> 국어와 만나요
1 (1) 연기 (2) 연기
2 (1) 베다가 (2) 테니

<131쪽> 생각을 더해요
(예시 답안) 제 도끼는 쇠도끼예요.

27일차 — 쓸수록 줄어듭니다

<132쪽> 핵심어와 만나요
(1) 북극곰 (2) 온난화 (3) 공익광고

<133쪽> 독해와 만나요
1 (1) ○ (2) ×
2 ②
3 종이컵
4 (1) × (2) ○

<134쪽> 개념과 만나요
1 (1) 공익광고 (2) 이해

<135쪽> 국어와 만나요
1 (1) 사용할수록 (2) 까닭
2 (1) 일회용 (2) 반드시

<135쪽> 생각을 더해요
(예시 답안) 그림책 / 글과 어울리는 그림을 보는 것이
　　　　재미있어요.

28일차   게임 중독을 예방해요

<136쪽> 핵심어와 만나요
(1) 스마트폰 (2) 중독 (3) 예방

<137쪽> 독해와 만나요
1   (1) × (2) ○
2   게임 중독
3   ①
4   지혜

<138쪽> 개념과 만나요
1   (1) 비교 (2) 제목
2   식물

<139쪽> 국어와 만나요
1   (1) 조절 (2) 제한 (3) 집중
2   (1) 어떻게 (2) 겪을

<139쪽> 생각을 더해요
(예시 답안) 정해진 시간에만 사용해요.

30일차   단원 평가 5

<144쪽>
1   ②
2   ②
3   ①
4   ②
5   ④
6   공익광고
7   (1) × (2) ○
8   ①
9   ©
10   우진

29일차   신기한 독

<140쪽> 핵심어와 만나요
(1) 독 (2) 괭이 (3) 원님

<141쪽> 독해와 만나요
1   (1) ○ (2) ×
2   ㉠, ㉡, ㉢, ©
3   시우
4   ④

<142쪽> 개념과 만나요
1   (1) 인물의 성격 (2) 이야기의 흐름
2   (예시 답안) 원님은 독을 가지고 자신의 집으로 갔어요. 원님의 강아지가 독 안에 무엇이 있는지 궁금해 안으로 들어갔어요. 독 안에서 강아지가 끊임없이 나왔어요. 원님은 누가 원래 강아지인지 알 수 없었어요.

<143쪽> 국어와 만나요
1   (1) © (2) ㉠ (3) ©
2   (1) 싶은 (2) 꺼내도

<143쪽> 생각을 더해요
(예시 답안) 농사꾼이 발견했으니 농사꾼이 독을 가져야 해.

최소한의 초등 국어 1권

초판 1쇄 인쇄 2025년 12월 8일
초판 1쇄 발행 2025년 12월 22일

지은이	정영애
펴낸이	하인숙

기획총괄	김현종
책임편집	이정아
마케팅	김미숙
그림	스리니
디자인	표지 김지현 　본문 정현옥
사진 출처	20쪽 셔터스톡 / 143쪽 괭이_국립민속박물관, 독_귀족호도박물관, 엽전_국립중앙박물관

펴낸곳	더블북
출판등록	2009년 4월 13일 제2022-000052호
주소	서울시 양천구 목동서로 77 현대월드타워 1713호
전화	02-2061-0765　**팩스** 02-2061-0766
블로그	https://blog.naver.com/doublebook
인스타그램	@doublebook_pub
페이스북	www.facebook.com/doublebook1
이메일	doublebook@naver.com

ⓒ 정영애, 2025
ISBN 979-11-93153-67-3 (64710)
ISBN 979-11-93153-66-6 (세트)